台湾の人たちは、食をとても大切にしています。

「ご飯食べた？」

「おなかすいてない？」が挨拶。

「これを食べると体にいいよ」という話も
よく聞きます。

おなかを満たすだけでなく、
家族や親戚や友だちと
食卓を一緒に囲むという習慣もとても大切。
一緒に食べ、
おしゃべりをし、笑い合うところから、
この国のオープンな心、
元気いっぱいのエネルギーは
生まれてくるのかなと思います。

大好きな台湾の味をいつも身近に置きたくて、
いつもいろいろな調味料を買って帰ってきます。
日本の調味料で代用するのでは物足りなく、
やっぱり台湾のこれでなくては！　というものが
たくさんあるのです。

調味料を知ることで、その国の味が見えてくる。
そう感じます。
調味料を通じて知る台湾がきっとあります。
食材との相性や、
ちょっとした調理のコツはあっても、
難しいルールはありません。
この本を参考に、台湾調味料を使って
料理のレパートリーを広げていただけたら幸せです。

經營四十年
好公道の店
原金雞園
志明紅麵線

天山行

特殊佐料

目次

台湾の味を生み出す調味料…8

沙茶醤…12
沙茶牛肉…12／沙茶火鍋…14
沙茶炒麺…16
沙茶醤で焼きとうもろこしが台湾味に！…16
●うちの定番 沙茶釜揚げうどん…18
ラムとトマトの沙茶炒め…19

豆板醤…20
魚香茄子…20／韮菜水餃…22
豆板醤の使い方あれこれ…23

紅葱酥…24
魯肉飯…24／鶏肉飯…26
客家湯圓…28／燙青菜…29
サクサクの紅葱酥を手作りしましょう…30

コラム 台湾のソウルフード 肉鬆…32

蔭豆豉…34
豆豉蒸魚…34／蒼蠅頭…36
●うちの定番 ゴーヤーと豚の豆豉炒め…38
あさりとキャベツの豆豉炒め蒸し…39

XO醤…40
XO醤炒牛肉杏鮑茹…40
XO醤炒飯…42
いろいろあるXO醤…42
●うちの定番 青菜と卵のベジタリアンXO醤炒め…44
根菜サラダXO醤ドレッシング…45

コラム ちょっとリッチな台湾みやげ 烏魚子…46
●うちの定番 カラスミ茶漬け…47

芝麻醤…48
麻醤麺…48
●うちの定番 雞絲拉皮…50

コラム 台湾の夏の食べ物…52

辣油…54
鹹豆漿…54／紅油抄手…56
香り立つ辣油を手作りしましょう…58
おみやげにぴったり！ 具だくさん辣油…60
鯖みそ缶の蘿蔔辣椒がけ…60
かぼちゃ豆豉辣椒醤炒め…61

豆腐乳…62
腐乳鶏…62／豆腐乳炒青菜…64
地瓜粥…66／腐乳醤…67
●うちの定番 甘海老腐乳和え…68
腐乳のせ蒸豆腐…68
コラム この本で紹介している調味料が買える場所…70

台湾醤油…74
油飯…74／三杯鶏…76
ミントのような香りの台湾バジル…77
紅焼豆腐…78
とろみがあって甘い油膏…78
コラム 台湾食堂の佐料區…80

米酒…82
麻油蛋…82／麻油鶏…84
1ヶ月毎日食べて産後の栄養補給…85

金桔醤…86
白斬鶏…86
桔醤排骨…88
爽やかな金桔醤を手作りしましょう…90
コラム 台湾の冬の食べ物…92

花生醤 美奶滋…94
三明治…94／冷筍…96／花生醤漢堡…97
コラム 台湾の万能調理器 電鍋…98
排骨湯…99／茶葉蛋…100

鹹蛋…102
金沙蘆筍…102／三色蛋…104

菜脯 老菜脯…106
菜脯蛋…106／老菜脯鶏湯…108
コラム 客家の代表的な保存食 梅干菜…110
客家料理に学ぶ…110
●うちの定番 梅干菜ひき肉炒め…111

酸菜…112
酸菜炒猪肉…112／酸菜白肉火鍋…114

木薯粉…116
蚵仔煎…116／排骨…118
キャベツの甘酢漬け…119
コラム 募集開始1分で完売！
波よけ通りキッチン台湾ツアー…120
コラム まだまだある 台湾調味料…124
あとがき…127

台湾の味を生み出す調味料

甘辛く煮込んだトロトロの豚肉がのる魯肉飯（ルーロウファン）、茶色いおかずがどーんと並ぶ駅弁、お店の大きな台の上で湯気を立てている油飯（ヨウファン）。どれも間違いなくおいしい醤油味。台湾の茶色い食べ物は、どうしてこうも魅力的なのでしょうか。感動の味をしっかり記憶して帰り、日本で作ってみると、近いところまではいけるのに、微妙に何かが違う。それは日本と台湾の醤油の差だと思い当たり、次の台湾行きで早速購入しました。

自分でも台湾の味を作りたくて、醤油以外にも、数多くの調味料を買っては試し、買っては試し。面白いのは、スーパーマーケットのリーズナブルな調味料の中にヒットがあったり、思い切って買った高級品がハズレだったり。人気店の自家製調味料も絶品ばかりではなく……。それらが混在しているので試してみるまで本当にわかりません。宝探しのようです。

この本では、基本的な醤油や酒、料理に合わせて便利に使うことができる醤（ジャン）だけでなく、辣油、マヨネーズ、独特の風味を加えるために欠かせない漬け物や乾物なども含めて、台湾の味を生み出す「台湾調味料」と呼んでいます。この10年で見つけたおすすめをさらにふるいにかけ、厳選したものをご紹介。調味料が活用できるよう、現地台湾にある料理、うちでの簡単なアレンジ、それぞれ作りやすく工夫したレシピを載せました。

醤《ジャン》

調味料を買いにいくと「醤」と名がつくものの多さに圧倒されます。たれも醤、ソースも醤。醤とは？ 調べると「主にペースト状で味の濃い調味料」が醤だとありました。台湾の料理上手はみな手早いのですが、醤を上手に使いこなしています。味を決めるのに重宝する調味料が醤なのでしょう。私が買って使ってみて、本当に便利でおいしいものだけをセレクトしました。

P.12

沙茶醤【シャーチャージャン】

P.20

豆板醤【ドウバンジャン】

P.34

蔭豆豉【インドウチー】

P.40

XO醤【エックスオージャン】

P.48

芝麻醤【チーマージャン】

P.86

金桔醤【ジンジィジャン】

P.94

花生醤【ファシャンジャン】

この本の使い方

●紹介しているレシピは、著者おすすめの調味料（メインで紹介しているもの）で分量を算出しています。同じ名称の他メーカー品でも作れますが、ものによって風味や塩分が異なるので、その場合は必ず味見をして分量を調整してください。

●分量の大さじ1は15ml、小さじ1は5ml、1カップは200mlです。米1合は180mlです。

●火加減は特に指定のない限り、中火で調理しています。

●野菜類は特に指定のない場合は、洗う、皮をむくなどの作業を済ませてからの手順を説明しています。

●掲載している情報や価格は2019年3月現在のものです。価格は、時期や店、地域によって異なります（2019年5月28日現在、1台湾元［ニュー台湾ドル］＝約3・5円）。

醤油・酒

台湾の醤油は、さらっとしたものと、とろみのあるもの、大きく二つに分けられます。色は濃くても、塩分は控えめで、甘さの加減を含め商品によって味が結構違い、種類も豊富。何種類か常備して、使い分けたり、ブレンドしたりが台湾流です。料理酒には、米酒という米焼酎が使われます。

P.74

台湾醤油【タイワンジャンヨウ】

P.82

米酒【ミージォウ】

漬け物・乾物

台湾の漬け物の中には、そのまま食べるほか、調味料的な使い方ができるものがあります。乾物も、料理に独特の風味を加えてくれる、貴重な存在。保存食が持つ旨みを、台湾の食堂でも、家庭でも、代々上手に活用しています。

P.62

豆腐乳【ドウフールー】

P.102

鹹蛋【シェンダン】

P.106

菜脯【ツァイプー】

老菜脯【ラオツァイプー】

P.110

梅干菜【メイガンツァイ】

P.112

酸菜【スゥァンツァイ】

辣油

油を使うことにかけて、台湾の人たちは本当に上手。そのため油の種類も豊富ですが、この本では日本人にもなじみの深い辣油を選んで紹介します。ただかけるだけでおいしさ倍増という、辣油ならではの大ワザがあるので、ぜひお試しを。

P.54
辣油【ラーヨウ】

その他

魯肉飯（ルーロウファン）、青菜炒め、スープなどに自然な甘みやコクを出す紅葱酥。さまざまな用途のある木薯粉。この二つは、台湾の味の再現に欠かせない存在です。甘い台湾マヨネーズの美奶滋は、サンドイッチを台湾風にしてくれる名脇役です。

P.24
紅葱酥【ホンツォンスー】

P.94
美奶滋【メイナイヅー】

P.116
木薯粉【ムゥシゥーフェン】

沙茶醤【シャーチャージャン】

義美「沙茶醬」
参考価格:120g/99元

魚介の旨みとスパイシーな香り。複雑なおいしさがやみつきに

干し魚をベースに、海老、にんにく、ごま、香辛料などから作られる調味料。発祥は台湾ではありませんが、街の多くの食堂に沙茶炒めがあり、鍋料理のたれの定番で、今や台湾料理には欠かせない味です。この沙茶醤は特に、魚介の旨み、香ばしさ、奥からピリッとくる辛みのバランスが良いです。

＼これもおすすめ／

清香號「純手工沙茶醬」
参考価格:240g/160元

西市 汕頭館「自製沙茶醬」
参考価格:約400g/200元

沙茶牛肉
シャーチャーニォウロウ

沙茶醤の味は牛肉、羊肉との相性が抜群。野菜と一緒に炒めた「沙茶牛肉」、「沙茶羊肉」はおなじみのメニューです。野菜は空心菜のほか、小松菜や豆苗、キャベツなど季節のものを使って。

材料(2人分)

牛切り落とし肉…150g
空心菜(5cm長さに切る)…100g
にんにく(粗みじん切り)…1かけ分
赤唐辛子(種を取る)…1本

A
酒、醤油…各小さじ2
片栗粉…大さじ½

沙茶醤…大さじ2強

B
酒…大さじ1
醤油、水…各大さじ½
砂糖…小さじ1

サラダ油…大さじ2

作り方

1 牛肉は、Aの酒、醤油をもみ込み、片栗粉をまぶす。Bは混ぜておく。

2 フライパンに油小さじ2を熱し、にんにく、空心菜の順に加え、さらに水大さじ1（分量外）を加え、強火でさっと炒めて取り出す。

3 フライパンを拭き、残りの油を熱して赤唐辛子、牛肉を入れ、強火でほぐすように炒め、ほぼ火が入ったら2を戻し入れ、Bを加えて手早く炒め合わせる。

沙茶火鍋
シャーチャーフォグォ

鍋料理のたれのベースによく使われる沙茶醤。人気の火鍋屋さんでは、ほかとひと味違う自家製沙茶醤をウリにしているお店もあります。このしゃぶしゃぶ鍋の具材は、牛肉や魚介のほか、豆腐や練り物、野菜はレタスなどをお好みで。スパイシーな沙茶だれを楽しんで。

材料（2人分）

水…1ℓ
昆布…10cm
酒…大さじ2〜3
いか（胴）…1ぱい分
牛しゃぶしゃぶ肉…200g
クレソン…1〜2束
えのき茸（根元を切り、ほぐす）…1袋
トマト（くし形切り）…1個分

【たれ】
沙茶醤、醤油、ごま油、万能ねぎ（小口切り）…各適量
黒酢または酢、香菜（粗く刻む）…お好みで各少々

作り方

1 鍋に水、昆布を入れて1時間以上おく。
2 いかは皮をむいて格子状に切り目を入れ一口大に切る。たれを用意する（左写真参照）。
3 1の鍋を弱火にかけ、沸騰直前で昆布を取り出し、酒を加える。火を強め、具材をしゃぶしゃぶしながら、たれにつけて食べる。

たれの目安は、沙茶醤大さじ1と1/2をベースに、醤油とごま油各小さじ1/2、万能ねぎをパラパラ。あとは黒酢や香菜を混ぜたり、鍋のスープでのばしたり、お好みで。

沙茶炒麺

シャーチャーチャオミェン

台湾の新竹で初めて食べたとき、そのおいしさに衝撃を受けた沙茶味の汁だく焼きそば。試行錯誤してそのお店の味を再現しました。汁のからむ柔らかい麺は市販のゆで細うどんで。昔ながらの固形の甘口カレールウが隠し味です。

材料（2人分）

ゆで細うどん…320g
牛切り落とし肉…80g
クレソン（4cm長さに切る）…½束
赤唐辛子（小口切り）…1本分

A
沙茶醤…大さじ4
醤油…大さじ1
固形甘口カレールウ（刻む）…10g
湯…180ml

サラダ油…大さじ2
辣油（54ページ）…お好みで少々

作り方

1 ゆでうどんは熱湯をかけてほぐし、水けをきる。Aはよく混ぜ、ルウを溶かしておく。

2 フライパンに油を熱し、牛肉を炒め、色が変わってきたら赤唐辛子、1のうどんを炒め合わせ、Aを加える。

3 ひと煮立ちさせ、最後にクレソンを加えてさっと混ぜ、汁ごと器に盛る。お好みで辣油をかける。

沙茶醤で焼きとうもろこしが台湾味に！

台湾の友人に連れられて行った石焼きとうもろこし屋さんの味は、プレーン、バター、沙茶の3種類。もちろん初めての沙茶味を試してみました。香ばしさの後にほのかにくる沙茶の旨み！　おいしい！　日本に帰って早速再現。沙茶醤を少しの醤油で溶き、ゆでたとうもろこしに塗って網でこんがりと焼けば、懐かしい台湾のあの焼きとうもろこし。香ばしく、魚介の旨みもあり、とうもろこしの甘みもより強く感じるオツな味。おやつにも、ビールのおともにもおすすめです。

うちの定番

沙茶醤を使えば、味のバリエーションがぐぐっと広がります。
ふだんからよく作る簡単レシピをご紹介。

沙茶釜揚げうどん

今まで何度となく食べたうちの大定番。買いおき食材だけでできるお助けメニューです。

材料(2人分)
冷凍うどん…2玉
沙茶醤、醤油…各適量
生卵(新鮮なもの)…2個
万能ねぎ(小口切り)…適量

作り方
1 器二つに、それぞれ沙茶醤大さじ1と½、醤油小さじ1を目安に入れ、生卵1個、万能ねぎも入れる。
2 冷凍うどんをゆで、ゆで汁ごと器に入れ、1のたれにつけて食べる。

ラムとトマトの沙茶炒め

生のレタスと一緒にサラダ感覚で食べる沙茶炒め。お好きなら香菜もたっぷりと。

材料(2人分)
ラム薄切り肉…150g
トマト…小1個
レタス…1~2枚
にんにく(つぶす)…1かけ分
しょうが(薄切り)…3~4枚

A
沙茶醤…大さじ1と½
紹興酒…大さじ1
醤油、水…各大さじ½

万能ねぎ(5cm長さに切る)…4~5本分
黒酢…大さじ½
こしょう…少々
サラダ油…大さじ1と½
香菜(粗く刻む)…適量

作り方
1 トマトは一口大に切る。Aは混ぜておく。レタスは食べやすくちぎり、器に敷いておく。
2 フライパンを熱して油、にんにく、しょうがを入れて炒め、ラム肉を加えて強火でさっと炒める。
3 トマト、Aを加えてひと混ぜし、万能ねぎ、黒酢、こしょうの順に加えざっと混ぜる。汁ごと1のレタスの上に盛り、香菜を散らす。

豆板醤【ドウバンジャン】

明徳「辣豆瓣醤」
参考価格:165g/50元

辛さは各自お好みで、が台湾流。おいしい豆板醤があれば心強し

台湾料理に、辛いものはそれほど多くありません。食卓に刻んだ生唐辛子や辛みのある調味料が置かれていて、みな自分好みに辛さを調整して食べています。私のお気に入りの豆板醤は、辛いだけでなく旨みも強いのが特長。調理で使うほか、ちょっとトッピングして食べてもおいしく、重宝します。

魚香茄子

ユーシャンチエヅ

日本でいうところの「麻婆茄子」。豆板醤さえあれば、あとは家にある調味料でささっと作れます。辛さはお好みで、豆板醤の量を加減してください。

材料(2人分)

なす…3~4本(300g)
豚ひき肉…70g
にんにく、しょうが(ともにみじん切り)…各½かけ分
A
- 醤油…大さじ1
- 酢…大さじ½
- 砂糖…小さじ1

塩…少々
豆板醤…大さじ½
B 片栗粉、水…各大さじ½
揚げ油…適量

作り方

1 なすは縞目に皮をむいて縦4等分に切り、1本ずつ高温の油で素揚げする。
2 フライパンに1の油を大さじ1入れて熱し、ひき肉を焼きつけるようによく炒める。にんにく、しょうがを加えて軽く炒め、豆板醤を加え、さっと炒める。
3 水100mlを加えて強火にし、煮立ったら1のなす、Aを加えてひと煮する。Bの水溶き片栗粉を加えてすぐに混ぜ、とろみをつける。あれば万能ねぎを散らす。

韮菜水餃《ジョウツァイシュエイジャオ》

にらとキャベツ両方を混ぜた餃子が多い日本に対して、肉とにら、または肉とキャベツ、というシンプルな餃子が多い台湾。ちょっとした違いが面白いと思います。台湾では焼き餃子より水餃子が一般的で、皮も手作り、小ぶりなサイズ。さっぱりした水餃子には、辛みと旨み両方ある豆板醤だれがよく合います。

材料（20個分）

豚ひき肉…120g
にら（小口切り）…70g

A
- しょうが汁…½かけ分
- ごま油…小さじ2
- 酒…大さじ½
- 塩…小さじ¼
- 砂糖…ひとつまみ
- こしょう…少々

【餃子の皮】
中力粉…120g
塩…少々
水…60〜65ml

【豆板醤だれ／作りやすい分量】
醤油…大さじ2
豆板醤、ごま油…各小さじ1
酢…小さじ2〜3

作り方

1 皮を作る。ボウルに粉と塩を入れ、水を少しずつ加え混ぜ、ひとつにまとめて耳たぶの固さを目安にこねる。滑らかになったら生地をラップでおおい、30分ほど休ませる。

2 あんを作る。ボウルに冷たいひき肉とAを入れてよく混ぜ、水大さじ1（分量外）を加えて粘りが出るまで練り、にらを混ぜ合わせる。

3 1の生地をさらに1〜2分こねたら半分に切り、それぞれ棒状にして10等分に切り分ける。めん棒で円形にのばし、2をのせて包む（左上写真参照）。

4 鍋に湯を沸かし3をひとつずつ入れてゆで、浮いてから1分ほどで取り出す。器にゆで汁少々とともに盛り、混ぜた豆板醤だれを添える。

打ち粉をした台の上で、細めのめん棒で直径6㎝程度の円形にする（きれいな円でなくてよい）。あんをのせて半分に折り、ふちを合わせ、端から指で挟むようにして包む（水はつけない）。

豆板醤の使い方あれこれ

肉まんに何をつけますか？ 練りからし、酢醤油、ソースなど、好みは分かれるところですが、私は断然豆板醤。焼きそば、焼きビーフン、魯肉飯（24ページ）、鶏肉飯（26ページ）、排骨（118ページ）などは、最初はそのまま食べ、途中からは豆板醤をちょんちょんとつけ、味を変えて楽しみます。また、マヨネーズと混ぜるとおいしいディップに。生野菜や蒸し野菜につけてどうぞ。

紅葱酥

【ホンツォンスー】

雙連朝市

「紅葱酥」

参考価格:小/50元

魯肉飯も紅葱酥なしでは作れない。台湾本場の風味を醸し出す「もと」

紅葱という小さな赤い葱を薄切りにしてじっくり揚げたもので、香ばしく、甘みがあり、台湾料理になくてはならない調味料です。家庭で手作りもしますし、お手軽に買ったものを使う場合も。私も市場で手作りのものをよく買います。スープや青菜炒めに少し加えるだけで、コクと香りが断然違います。

\これもおすすめ/

LE PONT

「黄金鵝油香蔥酥」

参考価格:100g/280元

魯肉飯

ルーロウファン

魯肉飯は台湾人のソウルフード。それだけにさまざまな作り方がありますが、これは私がもっとも尊敬する台湾のシェフから教わった極上のレシピです。醤油と砂糖の量は煮汁の減り具合によるので、味をみながら加えて。味が落ち着くまで寝かせるのもコツです。

材料(作りやすい分量)

豚バラブロック肉…1・2kg

紹興酒…600ml

水…200ml

A

- 醤油…70~80ml
- 中ザラ糖…大さじ3~3と1/2
- みりん…大さじ1

紅葱酥…30g

サラダ油…大さじ1

ゆで卵、温かいご飯…各適量

※鍋は直径21cm程度のものを使用(鍋が大きすぎると、途中で水分がなくなってしまうため)。

作り方

1 豚肉は8㎜〜1㎝幅の棒状に切り、油を熱した厚手の鍋に入れて炒める。ほぼ火が通ったら紹興酒と水を加えて中〜強火にし、煮立ったらアクだけを除き、ごく弱火で4〜4時間30分、静かに煮る。

2 肉の脂がとろとろになったら、上に浮いた脂を1〜2㎜だけ残して取り除き、Aを加えて2〜3分煮る。紅葱酥を加えてさらに5分ほど煮て火を止める。

3 粗熱が取れたら保存容器に移し、冷蔵庫で2〜3日寝かせる。食べるときにゆで卵を加えて温め、ご飯にかける。

沸騰手前の、たまにフツフツとなるくらいの火加減を保ち、煮汁がなくならないように気をつける。

鶏肉飯《ディロウファン》

鶏むね肉は紅葱酥を加えたスープでゆっくり火を通し、裂いて紅葱酥入りのたれや鶏油をからめます。しっとり柔らかで上品なコクのある味わいは、このひと手間から。目玉焼きをのせても。

材料（作りやすい分量）
鶏むね肉…大1枚（300g）
長ねぎ（青い部分）…15cm
しょうがの皮…1かけ分

A
紅葱酥…7〜8g
酒…大さじ1
塩…小さじ2/3
白こしょう…少々

醤油…大さじ1と1/2
砂糖…小さじ2/3
サラダ油…小さじ2
温かいご飯、たくあん…各適量

作り方

1 鶏肉は冷蔵庫から出して室温に戻し、皮ははがして細切りにする。肉の厚い部分に切り込みを入れ、厚みを均一にする。

2 鶏油を作る。小さめのフライパンに油と1の鶏皮を入れ、長ねぎとしょうがの皮は各半量を入れて弱火にかける。鶏皮から脂を出すようにじっくり火を通し

て油を取りおく。

3 鍋に水800mlと残りのねぎ、しょうがの皮を入れて火にかけ、煮立ったら1の鶏肉を加えて弱火で8分ゆでる。火を止めてふたをし、そのまま8分おいたらAを加え、40～50分おく。

4 たれを作る。3が温かいうちにゆで汁大さじ6をとり、醤油、砂糖を混ぜる。

5 3の粗熱がとれたら鶏肉を取り出し、手で細く裂き、2の鶏油、3のゆで汁大さじ1、4のたれ小さじ2の順に加え混ぜる。

6 器にご飯を盛り、5を適量のせ、4のたれを1人分につき大さじ1かける。たくあんを添える。

ゆで鶏は、細く裂くと口あたりが良い。裂いたらすぐ鶏油で和えると、しっとり仕上がる。

客家湯圓

クージャータンユェン

客家料理（110ページ）のひとつで、お祝い事や人が集まるときに食べる、紅白の白玉入りおもてなしスープです。

材料（4～5人分）

白玉粉…140g
水…120～130ml
食紅…ほんの少々
干ししいたけ…5枚
干し海老…15g
豚バラブロック肉…70g
にら、春菊…各⅓束
セロリ…細い部分12cm
鶏スープ（鶏のゆで汁など）…約1.2ℓ
紅葱酥…12g
塩、白こしょう…各適量
砂糖…小さじ⅓
醤油…少々
サラダ油…大さじ2

作り方

1 白玉粉に水を加え、耳たぶの固さに練る。⅓量を取り、ごく少量の水（分量外）で溶いた食紅を加えて練り、ピンク色にする。

2 干ししいたけは戻して軸を取り、細切りにする（戻し汁は取っておく）。干し海老は少量の水で戻して粗みじん切りにする。豚肉は5～6㎜幅の細切りにして塩、こしょう各少々をふる。にらは1.5cm長さ、春菊は3cm長さに切り、セロリは薄い小口切りにする。鶏スープと干ししいたけの戻し汁を合わせて1.4ℓにする。

3 鍋に油を熱し、干ししいたけ、干し海老を炒め、油が回ったら豚肉を加えてしっかりと炒め、2のスープを加える。煮立ったらアクを除き、紅葱酥、塩小さじ1強、砂糖を加えて軽く煮る。醤油を加え、やや多めにこしょうをふる。

4 1を直径1.5cmに丸める。別の鍋に湯をたっぷり沸かし、白い白玉から順にゆで、浮いて1分ほどしたら、氷水にとる。

5 3の鍋に4の白玉を加え、最後ににらと春菊、セロリを加えてさっと火を通す。

燙青菜
タンチンツァイ

青菜は台湾の食卓に欠かせない存在。種類も豊富で、ゆでたり炒めたりして本当によく食べます。にんにく、紅葱酥、少し甘い台湾醤油（74ページ）が定番の味つけ。ここでは台湾醤油の代わりに、日本の醤油とオイスターソースを合わせて使いました。

材料（2人分）

小松菜（4〜5㎝長さに切る）…250g
にんにく（粗みじん切り）…½かけ分
紅葱酥…小さじ1
ごま油（またはラード）…小さじ2
醤油…大さじ½
オイスターソース…小さじ1
塩…ひとつまみ

作り方

1 ボウルに小松菜以外の材料を入れておく。

2 鍋にたっぷり湯を沸かして小松菜をゆで、しんなりしたらざるに上げ、水けをきって（しぼらなくてOK）1に加えて和える。

サクサクの紅葱酥を手作りしましょう

日本では紅葱が手に入りにくいので、ベルギーエシャロットで代用します。切る、乾かす、揚げるコツをつかめば簡単！

用意するもの（作りやすい分量）

ベルギーエシャロット…200g

サラダ油…約200ml

1 ベルギーエシャロットの皮をむいて縦半分～4等分に切り、3㎜厚さに切り揃える。

2 キッチンペーパーを敷いたバットにほぐして広げる（時間があれば表面が乾く程度に干す）。

3 上からキッチンペーパーで軽くおさえて水けを取る。

4 直径22㎝程度の小さめのフライパンに**3**を入れ、油を注ぐ（ひたひたよりやや少なめ）。

5 弱火にかけ、時々混ぜながらフツフツした状態を保って15～20分じっくり揚げる。

6 少し色づいてきたらムラなく揚がるように菜箸でかき混ぜる（水分が抜け、軽くなってきたら取り出す頃合い）。

7 キッチンペーパーを敷いたバットを用意し、茶色くなる少し手前で取り出す（余熱でさらに火が入るため）。

＼完 成！／

8 広げて冷ます。

※風味のついた揚げ油も炒め物に使えます。

冷めたら清潔な瓶などの容器に入れて冷蔵庫で保存。2ヶ月持つ。

台湾のソウルフード 肉鬆《ロウソン》

台北市の南門市場の一階には、肉鬆を量り売りするお店があります。店頭のケースの中の、こんもりとした茶色いフワフワ、フサフサ。これが肉鬆。豚肉が原料の猪肉鬆が一般的で、辛い味つけのものや、のりとごまが入ったもの、低脂肪のものなどバリエーションが豊富なので、一軒のお店に茶色いフサフサ山がいくつも並ぶことに。スーパーや食料品店では袋入り、缶入りで売られています。

肉でんぶといわれたりするように、要は肉のふりかけ。この甘じょっぱい肉鬆を台湾人はこよなく愛していて、お粥、台湾式おにぎり、サンドイッチ、その他料理にかけたり具にしたり。「フランス式クレープ」と書かれた屋台のメニューに、肉鬆入りを発見したときは驚きつつも、さもありなんと納得でした。原料が魚のもの、大豆のもの（ベジタリアン用）もありますが、肉製品の猪肉鬆は、検疫の問題で日本に持ち帰れません。

ぜひ現地で味わってください。

1

2

南門市場の「金龍（p.123）」では、量り売りで購入できる。1いちばん人気の猪肉鬆は600gで360元。2低脂肪のもの、焼きのりとごまが混ざったもの、ともに600gで460元。

街角のパン屋さんには必ずある「肉鬆堡」。コッペパンの上に、肉鬆がたっぷりのっている。1個35元前後。

台湾朝ごはんの定番おにぎり「飯糰《ファントゥアン》」にも
肉鬆がたっぷり！

台湾おにぎりのご飯はもち米で、店によっては白米と紫米から選ぶことができます。好みの具を合わせて注文すると、その場で手作り。広げたご飯の上に、菜脯（106ページ）やカリカリの油條（ヨウティアオ）、からし菜の漬け物など（店によって異なる）がのり、そこへ肉鬆をたっぷりと。俵形に握り、ポリ袋に入れられた飯糰は、日本のコンビニおにぎり2個分はあろうかという大きさ。ひと口ごとに、食感と味が変化していくのが面白く、肉鬆の甘みが全体を調和させています。

蔭豆豉
【インドウチー】

川伯食品
「川伯蔭豆豉」
参考価格:400g/130元

発酵した豆独特の深い旨みで味つけが難なく決まる

豆豉は黒大豆を発酵させたもの。日本では主に乾燥した粒状の塩辛い豆豉が知られていますが、蔭豆豉はしっとり濡れた粒状で旨みがあり、塩けが抑えられ、砂糖なども入っており、料理にそのまま加えられます。戻したり刻んだりも不要。商品によってはかなり塩分が違うので、使うときはご注意を。

＼これもおすすめ／

乾燥タイプの「豆豉」は、使い方が違います。

大同醬油
「素食大同蔭豉」
参考価格:120g/50元

豆豉蒸魚
ドウチージェンユー

蒸すことで豆豉独特の風味が際立ち、淡白な白身魚もおいしく食べられる定番料理です。蔭豆豉はそのまま切り身の上に散らすだけ。簡単です。

材料(2人分)
- 生たら…小3切れ
- しょうが(せん切り)…½かけ分
- 万能ねぎ…1～2本
- 塩…少々
- 酒…大さじ2
- 蔭豆豉…小さじ2～3
- ごま油…大さじ1と½

作り方
1 たらの表面全体に軽く塩をふり、15分ほどおいてキッチンペーパーで水けを拭く。万能ねぎは斜め細切りにし、水にさらす。
2 器にたらをのせ、酒をかけ、しょうが、蔭豆豉を散らす。蒸気の上がった蒸し器に入れ、7～8分蒸す。水けをきった万能ねぎをのせ、熱した油をかける。

蒼蠅頭《ツァンイントウ》

豆豉が蠅の頭に見えることからついた、ユーモアあふれる？　大胆な料理名。蔭豆豉の濃い旨みが効いた甘辛いひき肉炒めで、白いご飯がすすんでとまりません。台湾では花にらをよく合わせますが、にんにくの茎やいんげん、大根やかぶの葉もおいしいです。

材料（2人分）

- にんにくの茎…150g
- 豚ひき肉…120g
- にんにく、しょうが（みじん切り）…各½かけ分
- 赤唐辛子（小口切り）…1本分
- 蔭豆豉…大さじ2
- ごま油…小さじ2
- A
  - 醤油、酒…各小さじ2
  - 砂糖…小さじ1

作り方

1 にんにくの茎は7㎜幅の小口切りにする。Aは混ぜておく。

2 フライパンに油を熱し、にんにく、しょうが、ひき肉の順に加えてよく炒める。肉から透明な脂が出てきたら蔭豆豉、赤唐辛子、にんにくの茎を加えて、強火でさっと炒める。

3 Aを入れて煮立たせ（下写真参照）、全体を混ぜて味をからめる。

具をフライパンの端に寄せ、空いているところに調味料を入れて煮立たせ、全体をざっと混ぜる。

うちの定番

蔭豆豉があれば、味つけは簡単。
あっという間に台湾風のおかずに。ご飯のすすむ味!

ゴーヤーと豚の豆豉炒め

蔭豆豉の便利さを知ってからは、うちのゴーヤー料理はチャンプルーと豆豉炒めが交互に登場。

材料(2人分)
ゴーヤー…1本(180g)
豚バラ薄切り肉…120g
にんにく(薄切り)…½かけ分
A 酒、醤油…各大さじ½
蔭豆豉…大さじ1
B 酒、醤油…各大さじ½
砂糖…ひとつまみ
サラダ油…大さじ1
ごま油…小さじ½

作り方
1 ゴーヤーは縦半分に切ってわたと種を取り、6~7㎜幅に切る。豚肉は3~4㎝幅に切り、Aをもみ込む。Bは混ぜておく。
2 フライパンにサラダ油を熱し、にんにく、豚肉を入れて炒め、ゴーヤーを加えさっと炒める。
3 蔭豆豉、Bを加えて炒め合わせ、ごま油を回し入れる。

あさりとキャベツの豆豉炒め蒸し

豚肉や魚介と相性の良い豆豉。そこに旬の野菜をひとつ加えれば、パパッとおかずが完成します。

材料（2人分）

あさり（砂出し済み）…250g

キャベツ…200g

にんにく（薄切り）…1かけ分

赤唐辛子（種を取る）…1本

蔭豆豉…大さじ1

酒…大さじ2

こしょう…少々

ごま油…大さじ1と½

作り方

1 キャベツは3～4cm角のざく切りにする。

2 フライパンに油を熱してにんにくを炒め、香りが立ったら蔭豆豉、赤唐辛子、あさり、酒を加えてざっと混ぜ、キャベツを加えてふたをし、蒸し煮にする。

3 途中、ふたを開けて2～3度ざっくりと混ぜ、あさりの口が開いたら、こしょうをふって仕上げる。

XO醤【エックスオージャン】

星饌
「XO干貝醤」
参考価格:190g/380元

個性派揃いの高級調味料。
そのままご飯にのせてもおいしい

ブランデーの特級品を表す「XO」から名づけられた香港発祥の調味料。干し海老、干し貝柱など高価で旨みの強いものがふんだんに使われています。これは名前の通り、干し貝柱がぎっしり。にんにくと唐辛子の辛みもピリッと効くので、炒め物に加えたり、お粥や点心に添えたりと幅広く愛用中です。

XO醤炒牛肉杏鮑茹

エックスオージャン
チャオニォウロウシンバオグー

カルビに火を通しすぎないように、酒、XO醤、醤油を手早くからめて仕上げるのがコツ。柔らかな牛肉とコクのある醤がごちそう感をアップ。

材料(2人分)
牛カルビ肉(焼肉用)…160g
エリンギ…100g
わけぎ(斜め切り)…1~2本分
にんにく、しょうが(ともにみじん切り)…各½かけ分

A
- 塩、こしょう…各少々
- 酒、醤油…各大さじ½
- 片栗粉…小さじ⅔

酒…大さじ1
XO醤…大さじ1と½
醤油…小さじ2
こしょう…少々
サラダ油…大さじ2

作り方

1 牛肉は半分に切り、Aの塩、こしょう、酒、醤油をもみ込み、片栗粉をまぶす。エリンギは半分の長さに切り、5㎜幅の薄切りにする。

2 フライパンに油大さじ1を熱し、にんにく、しょうがを炒め、エリンギを加えてしんなりするまで炒める。わけぎを加えてさっと混ぜて取り出す。

3 2のフライパンに残りの油を熱し、牛肉を炒める。色が変わってきたら2を戻し入れ、酒、XO醤を加えて炒め合わせ、醤油を鍋肌から加え、こしょうをふって仕上げる。

※器に盛り、お好みでさらにXO醤を足しても。

XO醤炒飯《エックスオージャンチャオファン》

卵とねぎのシンプルな焼き飯にXO醤が加わるだけで、高級店の味に近づくXO醤マジック。カラスミ入りでさらに贅沢に。ふつうのXO醤でも十分おいしくできるのでお試しください。

材料（2人分）

卵（溶きほぐす）…1個分
長ねぎ（みじん切り）…5cm分
温かいご飯…茶碗2杯分
烏魚子干貝醤またはXO醤…小さじ2〜3
塩、こしょう…各少々
醤油…少々
サラダ油…大さじ1と½

作り方

1 フライパンに油を熱し、卵液を流し入れる。2〜3回木べらで大きく混ぜ、ご飯を加え、卵をほぐすように炒め合わせる。

2 長ねぎ、烏魚子干貝醤を加えてひと混ぜし、塩、こしょうをふり、仕上げに鍋肌から醤油を加える。

いろいろあるXO醤

贅沢な調味料だけに、さらにカラスミ、桜海老、じゃこが入ったものや、きのこベースのベジタリアン用など、XO醤はバリエーションが豊富。台湾ではパスタの調味料にも使われています。

星饌
「櫻花蝦 干貝醬」
参考価格：280g/480元
桜海老XO醤の中で、特に風味がよいおすすめ品です。そのままご飯にのせても。

台鑫
「烏魚子干貝醬」
参考価格：120g/350元
カラスミをはじめ、干し貝柱、金華ハムなど贅沢な食材がたっぷり。奮発して買う価値ありです。

明徳
「緣素XO醬」
参考価格：150g/115元
ベジタリアン向け。きのこベースの旨みがしっかり。値段も手頃で、いろいろな料理に使いやすい。

うちの定番

XO醤はそれだけで味が決まる万能調味料。
家にあるXO醤で、炒め物や和え物などをよく作ります。

青菜と卵のベジタリアンXO醤炒め

XO醤のきのこの旨みがふんわり卵とよく合います。青菜は空心菜やほうれん草でも。

材料（2人分）

小松菜…100g
卵…2個
縁素XO醤
またはXO醤
…大さじ1
塩…適量
こしょう…少々
紹興酒…小さじ2
サラダ油…大さじ2

作り方

1 小松菜は4㎝長さに切る。卵はボウルに割り入れ、塩ひとつまみを加えて溶きほぐす。

2 フライパンに油小さじ2を熱して小松菜を炒め、塩少々をふって取り出す。

3 2のフライパンをキッチンペーパーで拭いて残りの油を熱し、1の卵液を流し入れる。ひと呼吸おいて大きく混ぜ、2を戻し入れて縁素XO醤、塩少々、こしょうを加えてざっくりと混ぜ、鍋肌から紹興酒を加える。

根菜サラダ XO醤ドレッシング

旨みの濃いドレッシングがしっかりからんだ根菜は、パリパリ、ポリポリ、歯ざわり爽快です。

材料（2〜3人分）
紅芯大根…小½個
にんじん…¼本
セロリ…⅓本
かぶ…2個（葉も少量使用）
【ドレッシング】
酢…大さじ1強
醤油…小さじ2
塩…ふたつまみ
こしょう…少々
XO醤…大さじ1
ごま油（太白）…大さじ2

作り方

1 大きめのボウルにドレッシングの材料をすべて入れ、よく混ぜ合わせておく。

2 紅芯大根、にんじんは薄めの乱切りにしてから、半分に切る。セロリ、かぶも同じくらいの大きさに乱切りし、かぶの葉は5㎜幅に刻む。すべてを1に加えてよく和える。

ちょっとリッチな台湾みやげ 烏魚子《ウーユーヅ》

「烏魚子」はカラスミのこと。ボラの卵巣を塩漬けにし、塩抜きしてから天日干ししたもので、日本では長崎産が有名な高級珍味です。台湾でもカラスミは高級食材。お正月や、お祝いの席、お客さんを招いたときなどに食べるそう。

食べるときはカラスミの表面全体にお酒を塗って軽くあぶるように焼くか、フライパンに少量の酒と一緒に入れて、さっと蒸し焼きに。カラスミがしっとりして風味が増したところで好みの厚さに切り、大根や葉にんにくにのせて食べるのが台湾流。梨やりんごの薄切りでもおいしいと教わり、試してみたらこれもあり！でした。

カラスミは日本よりは安く、おみやげに人気なので、買えるお店はたくさんありますが、試食して納得の味と値段のものを。残念ですが、まがい物もあるそうなのでよくチェックしてください。真空パックでも、すぐに食べないときは冷凍保存がおすすめです。

足を延ばせるなら新竹の製造元「慶豐烏魚子」がおすすめですが、台北では迪化街の「永久號」など。ぜひ試食できる店で購入を。

食べる前に焼酎で煮る!?驚きの方法でさらにおいしく

フライパンまたは鍋にカラスミがほぼ浸るくらいの米酒（82ページ。なければ日本酒で代用）を入れて火にかけ、フツフツとしている状態でカラスミを入れ、途中返しながら3分ほど煮て取り出す。これは新竹近郊でカラスミを製造している会社の社長さん直伝の方法。カラスミがしっとりとして風味が際立ち、お酒臭さは不思議とありません。

うちの定番

カラスミと上等な中国茶でお茶漬けをごちそうに

カラスミ茶漬け

カラスミは贅沢に大きめのそぎ切りにして、温かいご飯の上へ。そこへ香りの良い熱い文山包種茶（もっとも発酵の軽い烏龍茶で緑茶に似ている）をかけるのがお気に入り。お茶は日本茶でも。お好みのものでどうぞ。

芝麻醤【ヂーマージャン】

信成油廠
「芝麻醤」
参考価格:230g/105元

存在感のあるごまペースト。香ばしさと濃厚さが違います

ごま専門の老舗「信成油廠」の芝麻醤は、焙煎した白ごまにピーナッツも加わり、香り高く深い味が特長。棒棒鶏のごまだれ、ごまだれ、和え麺、鍋料理のつけだれなど、ごまの味が薄いとボケてしまうような料理には、この濃厚な芝麻醤が欠かせません。深めに焙煎されたごまの風味が決め手になります。

麻醤麺
マージャンミェン

台湾では、汁なしの和え麺をよく食べます。たれは先に合わせておき、ゆであがった麺をさっと和え、すぐ食べる。このスピードが和え麺では重要!

材料(2人分)
- 細うどん(乾麺)…140g
- 小松菜…1株
- 芝麻醤…大さじ2
- 砂糖…小さじ1弱
- 醤油…大さじ1
- 黒酢…小さじ1
- 湯…大さじ2
- ごま油…少々
- 辣油(54ページ)…お好みで少々

※台湾の乾燥麺や生麺を使う場合は、ゆでた後もみ洗いせず、湯だけ切ってからめてください。

作り方
1 ボウルに芝麻醤と砂糖を入れて混ぜ合わせ、醤油、黒酢を少しずつ加え混ぜ、湯も少しずつ加えてのばし、ごま油を加える。
2 鍋にたっぷりの湯を沸かし、小松菜をゆでて4cm長さに切る。同じ湯でうどんを袋の表示時間通りゆで、ざるにあげて流水でもみ洗いし、熱湯をかけて温める。
3 湯をきったうどんを1にからめ、器に盛り、小松菜をのせ、お好みで辣油をかける。

うちの定番

台湾で活躍する料理家の友人に教わった一品が、いつしかうちの夏の定番おかずとなりました。

台湾に留学していたときに、尊敬するシェフから紹介されたのがシシリアさん。台北で料理教室を主宰し、料理本も出版するなど広く活躍されています。日本語も堪能なシシリアさんには、台湾料理のほか、上海料理のシェフだった彼女のお父さん直伝の料理など、たくさんのレシピを教えてもらいました。

雞絲拉皮
ディスーラーピー

拉皮は緑豆から作る平たい麺のようなものですが、うちで作るときには、つるんとした食感が似た葛切りで代用しています。

材料（2人分）
鶏むね肉（皮なし。室温に戻す）…½枚
葛切り…20g
きゅうり…2本

【たれ／作りやすい分量】
芝麻醤…大さじ2
A
- にんにく（みじん切り）…1かけ分
- 醤油、酢…各小さじ2
- 辣油（54ページ）…適量
- 砂糖…少々

香菜…お好みで少々

作り方
1 鍋に湯を沸かし、鶏肉を5～6分ゆで、火を止めてふたをし、そのまま余熱で火を通す。冷めたら手で細めに裂く。ゆで汁は大さじ2～3を取りおく。
2 葛切りはゆでて冷水で洗い、食べやすく切る。きゅうりは包丁でたたいてから1.5cm長さに切る。
3 ボウルに芝麻醤を入れ、1のゆで汁で溶きのばし、Aを加えよく混ぜる。
4 器にきゅうり、葛切りを盛り、上に鶏肉をのせて3のたれをかける。お好みで香菜を散らす。

台湾の夏の食べ物

南国台湾。4月には気温が30度を超えはじめ、10月までは暑い日が続きます。高い気温、高い湿度で、熱中症の危険度はかなりのはずですが、台湾の人から熱中症になったという話をあまり聞かない気がします。猛暑なのになぜ？ それは食習慣によるところが大きいと、住んでみて気がつきました。

とにかく台湾人は、一日中ちょこちょこ食べたり飲んだり。果物をよく食べ、生の果物ジュースも飲み、青草茶（チンツァオチャー）、仙草茶（シィエンツァオチャー）、仙草ゼリー、愛玉子※（アイユーヅ）、かき氷などを、3食の間に挟んでエネルギーを補給。スープは豚とゴーヤー、豚と冬瓜のように、体の熱を取る作用のある食材を組み合わせて、胃腸を冷やさずに体を冷ます工夫をします。

また、飲み物に「常温」の選択肢があるのは、胃腸を冷やしたくない人が多いから。「胃腸をいたわり、栄養のあるものを食べれば夏バテしない」と話すのは台湾の友人。その彼女の元気は、朝からモツを食べているおかげかも。朝からモツ、台湾では普通です。

※台湾語でオーギョーチのこと。

1

2

1 夏の渇いた喉を潤す清涼飲料「酸梅湯」。烏梅（青梅を燻製にしたもの）や乾燥した洛神花（ハイビスカス）、山査子、陳皮、天草などを煮出して作る飲み物で、胃腸を整える働きもあるといわれている。煮出し用のセットが、迪化街の乾物店で手に入る（店によってブレンドは異なる）。おすすめは「和億蔘茸（住所：台北市大同區迪化街一段 88 號）」の「迪化 88 酸梅湯（1 袋／100 元）」。台湾産洛神花の酸味がほどよく、飲みやすい。2 道行く人が、街角のスタンドで手軽に一杯飲んでいく。

1 3 解毒・解熱作用があるといわれる「青草茶」。薬草を何種類もブレンドして煮出したもので、薬草専門店やすぐに飲めるスタンドがある。2 ふわふわで口溶けのよい杏仁豆腐のかき氷。仙草ゼリーや緑豆、はと麦、黒豆などをトッピングできる。4 6 市場や果物店には新鮮なフルーツが並ぶ。6～7月には、生のライチが味わえる。5 台湾では「夏は緑豆、冬はあずき」といわれ、夏は体を冷ます緑豆と、はと麦を使った薄甘いお汁粉のようなスープがよく飲まれる。

辣油【ラーヨウ】

阿正厨坊
「辣油」
参考価格：100g/150元

唐辛子の辛さ、花椒の香りが際立つ。私の中で究極の辣油

特に辛いもの好きではなかったせいか、辣油に強いこだわりがなかった私が、この辣油に出合って驚きました。しっかりと辛く花椒の香りがとても鮮やかで、どんな料理に使っても嫌な雑味などは一切なし。台北にあるレストラン「阿正厨坊」が、厳選した材料で手作りしている極上の調味料です。

鹹豆漿
シェンドウジャン

台湾の定番朝ごはんのひとつ。器に刻んだ搾菜や塩、酢を入れ、温めた豆乳を注ぎ、ふるふるっと固まってきた状態で食べるスープです。現地の油條（ヨウティアオ）という揚げパンの代わりに揚げ麩を使用。

材料（4人分）

無調整豆乳…800ml

A
- 味つけ搾菜（粗みじん切り）…小さじ8
- 桜海老…大さじ2強
- 塩…少々
- 醤油…小さじ2
- ごま油…少々

酢…大さじ2

揚げ麩（仙台麩。7〜8㎜厚さ）…4枚

万能ねぎ（小口切り）…小さじ8

香菜（粗く刻む）…お好みで少々

辣油…少々

作り方

1 豆乳を火にかけ温めはじめる。その間に、器にAを4等分して入れる。

2 器に酢大さじ½ずつ加え、沸騰直前まで温めた豆乳をすぐに注ぐ。揚げ麩、万能ねぎ、お好みで香菜をのせ、辣油をかける。

紅油抄手

ホンヨウチャオショウ

あんのたっぷり入った汁なしピリ辛ワンタン。台湾では辛くて甘いたれがかかっていますが、このレシピは甘さ控えめ。辣油の辛さの度合いや、各自の好みに応じて辣油の量を調整してください。皮が乾燥すると破けやすいので、袋から少しずつ取り出しながら包んでいくのがコツ。

材料(2人分)

ワンタンの皮…16枚

【あん】

A

豚ひき肉…100g
塩…小さじ¼
砂糖…ひとつまみ
こしょう…少々
醤油…小さじ½
酒…大さじ1
ごま油…小さじ2
しょうが汁…½かけ分

長ねぎ(みじん切り)…7〜8cm分
片栗粉…小さじ1

【たれ】

醤油…大さじ2
黒酢…大さじ½
砂糖…小さじ½
おろしにんにく…少々
ごま油…大さじ1
辣油…小さじ1〜お好みで
長ねぎ(みじん切り)…適量

作り方

1 ボウルにAを入れて粘りが出るまでよく練り混ぜ、あんの長ねぎと片栗粉を加えて混ぜ、ワンタンの皮に小さじ1強ずつのせて包む（左写真参照）。

2 たれの材料は混ぜ合わせる。

3 鍋にたっぷりの湯を沸かして1を入れ、浮いてからさらに1分ゆで、汁けをきって器に盛る。たれをかけ、長ねぎを散らす。

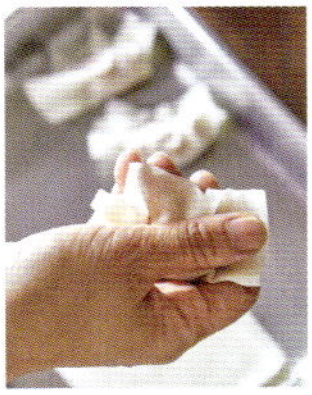

ワンタンの皮にあんをのせ、三角形に折り、力をあまり入れずに軽く握るようにして包む。

香り立つ辣油を手作りしましょう

唐辛子や花椒はぜひ新しいもので。香りに差が出ます。加熱すると辛み成分が立ちのぼるので、換気を忘れずに。

用意するもの（作りやすい分量）

赤唐辛子（種を取り、やや粗く刻む）…10g

花椒…8g

八角…1 個

塩…小さじ 1

サラダ油…140ml

ごま油…小さじ 2

1 花椒をミルにかけて細かくくだく。

2 小鍋にサラダ油、ごま油を入れて火にかけ、80 度にする。

菜箸の先からごく小さな泡が出るくらいが目安。温度が高いと唐辛子類が焦げるので注意。

3 80度になったらすぐ赤唐辛子を入れる。

4 ごく小さな泡が出てきたら1の花椒を加える。

5 続けて塩、八角を入れて火を止め、混ぜる。

6 粗熱が取れたら八角を取り出す。

\完成!/

冷めたら清潔な瓶などの容器に入れ、2～3日おいて味をなじませる。常温で保存できるが、香りの良い1ヶ月ほどの間にぜひ味わって。

おみやげにぴったり！

具だくさん辣油

韓記「蘿蔔辣椒」【ルォーボーラージャオ】

麻辣牛肉麺がおいしいお店、「韓記（73ページ）」のオリジナル調味料。店内に料理のトッピング用として置いてあり、購入も可能。コリコリとした干し大根、豆豉、にんにくなど具の多い辛い辣油です。

参考価格：140g/80元

鯖みそ缶の蘿蔔辣椒がけ

のせただけ、かけただけ、だけだけづくしでも、優れた調味料があれば立派な一品に。

材料（2人分）
- 鯖のみそ煮缶詰…中1缶
- レタス…小2枚
- アルファルファ…適量
- 蘿蔔辣椒…小さじ2

作り方
1 器にレタスを敷き、アルファルファをのせる。
2 鯖のみそ煮をざっとほぐして盛り、蘿蔔辣椒をかける。

かぼちゃ豆豉辣椒醤炒め

甘いかぼちゃが苦手な人におすすめしたい、ピリ辛大人味のご飯がすすむおかずです。

材料（2人分）
かぼちゃ…300g
豚ひき肉…80g
塩…適量
豆豉辣椒醤…小さじ2
サラダ油…大さじ1と½

作り方
1 かぼちゃは1.5cmの角切りにする。
2 フライパンに油を熱し、ひき肉を焼きつけるように炒める。肉の色が変わったらかぼちゃを加えて全体に油が回るように炒め合わせ、塩少々、水100mlを加えて、ふたをして時々混ぜながら蒸し煮にする。
3 かぼちゃに竹串がすっと入ったら（途中、水がなくなるようなら足す）、豆豉辣椒醤を加えてひと混ぜし、再びふたをして1〜2分蒸らす。味をみて、塩少々をふる。

向唐食品「豆豉辣椒醤」

【ドウチーラージャオジャン】

さまざまな調味料がずらりと並ぶ南門市場の粽店「立家湖州粽食品行（71ページ）」でよく買うのがこれ。唐辛子たっぷりでかなりの辛さ。そこに豆豉の旨みが絶妙にマッチ。

参考価格：390g/80元

豆腐乳【ドウフールー】

瑞達食品行「醉白玉」
参考価格:230g/200元

四川土産
「天府牌蔴油辣腐乳」
参考価格:180g/40元

そのまま食べても、調味料としても使いみちの多い頼れる瓶詰め

豆腐と麹を塩水に漬けて発酵させたもので、腐乳とも。白い方はノーマルタイプで、発酵独特の香りが良く、ねっとりとしてコクがあり、余計な味がしないところが気に入っています。ものによって味の差が大きいので、値段が高くても良質のものを。赤い方は辛みも欲しいときに便利な辣豆腐乳です。

＼これもおすすめ／

禧福
「原味豆腐乳」
参考価格:300g/160元

腐乳鶏《フールーディ》

豆腐乳によく漬けこんでから揚げた鶏肉は、しっかりと味がしみつつ、柔らかくジューシーな仕上がり。骨付きのぶつ切り肉でなく、普通の唐揚げ用のもも肉でもOKです。木薯粉がなければ片栗粉と小麦粉を半々に混ぜて。

材料(作りやすい分量)

- 鶏もも骨付きぶつ切り肉…400g
- A
  - 豆腐乳…30g
  - 紹興酒…大さじ1
- 木薯粉(116ページ)…適量
- 揚げ油…適量

作り方

1 ジッパー付きの袋に鶏肉とAを入れてよくもみ込み、空気を抜いて口を閉じ、冷蔵庫で1日漬ける。

2 鶏肉に木薯粉をまぶしつけて5分ほどおく。中温の揚げ油に入れ、最初はさわらず、衣が固まってきたら返し、からりと揚げる。

木薯粉をつけて5分ほどおくと、粉がなじみ衣がはがれにくくなる。

袋で漬けると、少量の調味料でも全体にいきわたる。

豆腐乳炒青菜

ドウフールーチャオチンツァイ

水っぽいと味が決まらないので、炒めた青菜から水けが多く出たら、水を捨ててから調味料を加えるのがコツ。豆腐乳は必ず味をみて、量を加減してください。

材料(作りやすい分量)

小松菜…200g
豆腐乳…大さじ1と½
にんにく(薄切り)…3～4枚
酒(または紹興酒)…大さじ½
塩…少々
サラダ油…大さじ2

作り方

1 小松菜は冷水に浸けてパリッとさせ、4cm長さに切り、茎と葉に分ける。豆腐乳は漬け汁少量で溶く。

2 大きめのフライパンに油を強火で熱し、にんにく、小松菜の茎、葉の順に加えて手早く炒める。

3 余分な水分が出てきたら捨て、酒、1の豆腐乳、塩を加えて調味する。

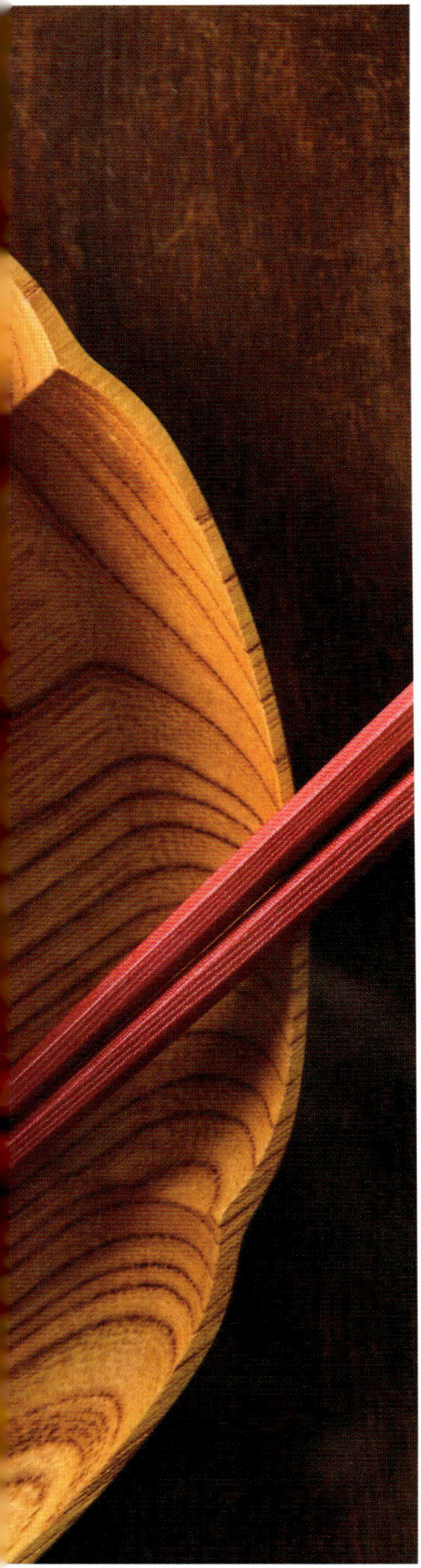

地瓜粥
ディーグゥアジョウ

豆腐乳は、台湾では代表的なお粥のおとも。塩けと旨みが、淡白なお粥の良いアクセントになってくれます。ほっこりと甘い安納いものお粥にも豆腐乳を添えて。辛い辣豆腐乳、ノーマルタイプ、どちらでもお好みで。

材料（4～5人分）

米…½合
安納いも…150g
水…700ml
辣豆腐乳…適量

作り方

1 米は洗って30分浸水させる。安納いもは皮をむいて一口大に切り、水（分量外）にさらす。

2 1の米といもをそれぞれざるに上げて厚手の鍋に入れ、水を加えて火にかける。煮立ったら弱火にしてふたをし、20～30分炊く。

3 器に盛り、辣豆腐乳を添える。

腐乳醤《フールージャン》

豆腐乳をその漬け汁で溶いてとろりとした液状にすると、使い勝手のよい調味料に。そこにごま油、砂糖、水を加えればまろやかなたれになります。蒸し野菜、揚げたいも、ゆで鶏などにかけてどうぞ。

材料（2人分）

さつまいも、れんこん、ブロッコリー、かぶ、じゃがいも、トマト…各適量
豆腐乳…20g
A
- ごま油、砂糖…各小さじ½
- 水…小さじ1

作り方

1 さつまいも、れんこん、ブロッコリー、かぶ、じゃがいも、トマトは、それぞれ一口大に切り、さつまいもとれんこんは水にさらす。

2 蒸し器またはセイロにさつまいも、れんこん、じゃがいもを並べ、蒸気の上がった状態でほぼ火が入るまで蒸す。ブロッコリー、かぶを加えて1～2分蒸し、トマトを加えて20秒蒸す。

3 豆腐乳を漬け汁少量で溶き、Aを混ぜてソースを作り、器に盛った2にかける。

うちの定番

発酵食品独特の塩けがいい仕事をしている、お酒のつまみ。すぐにできるので、とりあえずの一品に。

甘海老腐乳和え

紹興酒の香りと豆腐乳の塩け、甘海老のねっとりした甘さが絶妙のハーモニー。

材料（2人分）
甘海老…正味50g
紹興酒…大さじ1
豆腐乳…10g

作り方
1 甘海老は殻をむいてボウルに入れ、紹興酒小さじ2をかけて10分ほどおき、汁けをきる。
2 豆腐乳を残りの紹興酒で溶き、1に加えて和える。あれば、芽ねぎなどを添える。

腐乳のせ蒸豆腐

シンプルの極みですから、おいしい豆腐とおいしい豆腐乳で作るのが唯一のコツ。

材料（2人分）
絹ごし豆腐…120g
豆腐乳…適量

作り方
1 器二つに豆腐を半量ずつスプーンですくって入れ、その上に豆腐乳を少量のせる。
2 蒸気の上がった蒸し器に入れ、豆腐が温まるまで5〜7分蒸す。

この本で紹介している
調味料が買える場所

この本で紹介した調味料を購入できる主なお店や市場です。台湾旅行の立ち寄り先のひとつにぜひ。

以下のお店も参考にしてください。

●『フレッシュマート』…SOGO忠孝店の地下フロアにある、高級食材も扱うスーパーマーケット。星饌「XO干貝醤（40ページ）」「櫻花蝦干貝醤（42ページ）」はここに。

●『上引水産』…台北の松山空港から車で10分、MRT行天宮駅から徒歩20分ほどの濱江市場内にあります。お寿司を食べたり、魚を買ったりできる複合施設。台鑫「烏魚子干貝醤（42ページ）」を置いています。

●『新東陽』…台北市内に数多くある、種類と数が豊富なおみやげ店。新福源二代店「花生醤（94ページ）」は新竹まで行かなくても、ここで。

●『西市 汕頭館』…「自製沙茶醤（12ページ）」は、新竹市の沙茶火鍋屋の直売のみ。ほかでは手に入りませんが、足を延ばす価値はあります。

そのほかには、オーガニックスーパー『天和鮮物』、神農市場の『MAJI FOOD & DELI』なども調味料が揃っています。赤い看板のスーパーマーケット『頂好（Wellcome）』は、店舗数が多く、夜かなり遅い時間でも買い物できるのが魅力。

スーパーマーケット
全聯福利中心（PX MART）

台湾全土に店舗を持ち、台北市内にも数多い、青い看板が目印の庶民派スーパー。お菓子やインスタント麺なども豊富で値段が安いので、プチみやげもまとめて購入できる。店舗によって規模や品揃えは異なる。▷ p.12 義美「沙茶醤」、p.20 明徳「辣豆瓣醤」、p.78 陳源和「壺底蔭油膏」、p.82 臺灣菸酒「紅標料理米酒」、p.94 桂冠「桂冠沙拉」、p.116 南北坊 寶島「木薯粉」。

PEKOE

美食家の台湾人オーナーによるおしゃれなセレクトショップ＆カフェ。台湾だけでなく、世界各国の調味料やキッチンウエアが揃い、オリジナルの商品もある。▷ p.12 清香號「純手工沙茶醬」、 p.24 LE PONT「黃金鵝油香蔥酥」、p.62 禧福「原味豆腐乳」、p.78 黑龍「黑豆蔭油（膏）」。

◉住所 台北市大安區敦化南路一段 295 巷 7 號

里仁

台北市内に数店舗あるオーガニックショップ。調味料のほか、お菓子や日用品も豊富。店舗によって大きさや品揃えは異なる。

▷ p.42 明德「綠素 XO 醬」、p.74 金蘭「黃豆醬油」、p.78 黑龍「黑豆蔭油（膏）」、p.86 阿金姐「客家桔醬」、p.110 公館鄉農會「梅干菜」、p.112 阿里郎「酸白菜」。

◉住所 台北市大安區金華街 140 號（金華麗水店）

常興 南北雜貨

正門を入ってすぐ右手にある。乾物や漬け物、調味料が所狭しと並び、観光客も 1 個から気軽に購入できる。▷ p.20 明德「辣豆瓣醬」、p.34 大同醬油「素食大同蔭豉」、p.62 四川土產「天府牌蔴油辣腐乳」、p.102「鹹蛋」、p.110 宗益「陳年梅乾菜」。

立家湖州粽食品行

市場 1 階中央あたりにある粽店。肉、魚、栗、豆などが入った粽のほか、手作り惣菜や調味料も扱う。▷ p.61 向唐食品「豆豉辣椒醬」、p.112 向唐食品「東北酸白菜」。

南門市場

MRT 中正紀念堂駅 2 番出口すぐにある市場。2019 年 10 月から約 3 年、改築に入る。その間、入居店舗は杭州南路愛國東路にて営業予定。

◉住所 台北市中正區羅斯福路一段 8 號

信成油廠

MRT 雙連駅近くにある、100 年続く老舗のごま専門店。100%純正のごま油のほか、いりごま、すりごま、練りごま（いずれも白・黒両方）など、すべて自家製の高品質なものが揃う。▷ p.48「芝麻醤」。

◉住所 台北市大同區民生西路 96 號

雙連朝市

新鮮な豚肉や魚、旬の野菜や果物を売る店と、洋服や日用品を売る店が混在する、活気あふれる青空市場。お惣菜や軽食の露店もある。手作りの調味料や漬け物の店では、味見させてもらって購入を。▷ p.24「紅葱酥」、 p.106「菜脯」。

◉住所 台北市大同區民生西路 45 巷

阿正厨坊

MRT 信義安和駅にほど近い静かな路地にある瀟洒なレストラン。日本料理の修行経験もあるシェフが、厳選した旬の食材で作る繊細な台湾料理にファンも多い。こだわりの手作り調味料は、ぜひ料理を堪能してから購入を。▷ p.54「辣油」。

◉住所 台北市大安區安和路二段 20 巷 8 號

弘茂

迪化街にある、老舗の素食（ベジタリアン）食材専門店。店頭には干ししいたけがずらりと並び、それ以外にも乾物や大豆食品、雑穀類、調味料も豊富に揃う。ベジタリアン向けのインスタントラーメンもある。▷ p.34 川伯食品「川伯蔭豆豉」。

◉住所 台北市大同區民生西路 365 號

天山行

迪化街にある落ち着いた雰囲気の店。干し貝柱やきくらげから、日本の昆布まで、こだわりの乾物のほか、ビーフン、生春巻きの皮、アジア各国の缶詰、調味料などを扱う。▷ p.106「陳年蘿蔔」。

◉**住所** 台北市大同區迪化街一段 200 號

韓記 老虎麵食館

看板メニューの麻辣麺は、辛さ、肉（牛、羊、豚のいずれか）、麺の種類が選べ、鴨の血やもやしなども入ってボリューム満点。水餃子や小皿料理も人気が高い。ピリ辛の手作り調味料を店頭で販売している。▷ p.60「蘿蔔辣椒」。

◉**住所** 台北市大安區金華街 203 號

液もれ防止対策は万全に しっかり包んでスーツケースへ

液体やペースト状の調味料、特に手作りのものは、ふたがきちんと閉まっているかを確認。先にラップでぐるぐる巻いてから緩衝材でくるみ、ジッパー付き保存袋に入れ、スーツケース内で動かないよう洋服などの間へ。乾物はにおいもれがあるのでラップで巻いておくと安心です。

瑞達食品行（醉的小品）

アワビや海老、鶏肉を、紹興酒などで漬け込んだ高級珍味で有名な食材店。まろやかでおいしい豆腐乳はオリジナル商品。日本へ持ち帰るというと、丁寧に梱包してくれる（肉類を持ち帰ることはできないので注意）。▷ p.62「醉白玉」。

◉**住所** 台北市大安區金山南路二段 6 號

台湾醤油
【タイワンジャンヨウ】

金蘭「黄豆醤油」
参考価格：500ml/95元

ところ変われば醤油も変わる。台湾料理には甘い醤油がよく合う

台湾醤油は大きく二つに分けられます。ひとつは「油膏（78ページ）」という甘いとろみ醤油。もうひとつは日本の醤油に近いものですが、塩分控えめでやや甘いのが特長です。原料の豆や熟成の異なる製品があり、種類が豊富。台湾に行くたび、小さめの瓶を買っては味を試しています。

油飯
ヨウファン

塩分は控えめなのに、こっくり濃い色をしているのも台湾醤油の特長です。豚肉、干ししいたけ、干し海老、紅葱酥の旨みが十分にしみ込んだおこわ。つやつやの茶色いご飯は間違いなしのおいしさです。

材料（作りやすい分量／3〜4人分）
- もち米、米…各1合
- 豚もも薄切り肉…80g
- 干ししいたけ…中7枚
- 干し海老…8g
- しょうが（みじん切り）…1かけ分
- 紅葱酥（24ページ）…大さじ1
- 白こしょう…ひとつまみ

A
- 台湾醤油…大さじ2
- 酒…大さじ1
- 砂糖…大さじ1/2
- ごま油…大さじ1と1/3

作り方

1 もち米、米は洗って1時間浸水させ、ざるに上げて水けをきる。豚肉は7～8㎜幅の細切りにして、醤油小さじ1（分量外）をもみ込む。干ししいたけはかぶるくらいの水で戻して軸を落とし、4～5㎜幅の薄切りにする（戻し汁は取っておく）。干し海老は少量の水で戻し、粗みじん切りにする。

2 フライパンに油を熱して干ししいたけ、しょうが、干し海老、豚肉の順に加え、しっかりと炒めたら紅葱酥、こしょうを加える。

3 1の米を加え、油が回るように軽く混ぜ、Aを加えて強火にしてひと混ぜしたら炊飯釜に移す。しいたけの戻し汁に水を合わせて220mlにし、加えてすぐに炊く（あれば早炊きモードで）。炊き上がったらさっくりとほぐす。あればゆで卵を添える。

※ここでは、魯肉飯（24ページ）の煮卵を添えました。

三杯鶏《サンベイヂィ》

料理名の「三杯」は、ごま油、醤油、酒で味つけしていることをさします。また、三杯鶏には台湾バジルが入りますが、日本にはないのでイタリアンバジルを。ハーブの爽やかさが、こってりした味つけのアクセントになります。

材料（2人分）

鶏もも骨付きぶつ切り肉…350g
しょうが（皮ごと薄切り）…3かけ分
にんにく（つぶす）…3かけ分
赤唐辛子（種を取る）…1本
バジルの葉…15枚
砂糖…小さじ1
酒…大さじ2
A 台湾醤油、油膏（78ページ）…各大さじ1
　水…60ml
ごま油…大さじ1と1/3

作り方

1 鍋に湯を沸かし、鶏肉を入れて1分ゆでて、取り出して水けを拭く。Aは混ぜておく。

2 フライパンまたは鍋に油大さじ1を熱し、しょうが、にんにくをしっかりと炒め、1の鶏肉、赤唐辛子を加えて肉の表面を焼きつける。

3 砂糖を加えてからめるように炒めたら、酒、Aを加え、ふたをして4〜5分煮てほぼ火を通す。ふたを取って火を強め、汁けがほぼなくなるまで炒めたらバジルを加えてさっと混ぜ、仕上げに残りの油を回し入れる。

ミントのような香りの台湾バジル

現地で「九層塔（ジョウツェンター）」と呼ばれるのが台湾バジルです。ミントのような爽やかな香りが特長。三杯鶏のほか、卵焼き、魚介の炒め物などによく使われています。台北永康街で人気の屋台の葱抓餅（ツォンジュアビン）は、台湾バジル入りがおいしい！

紅焼豆腐

ホンシャオドウフー

「紅焼」は醤油味という意味。豆腐をこんがりと焼いたら、台湾醤油と油膏の両方を加え、醤油の味をしっかり煮からめてでき上がり。レストランではここにお肉が入ることもあります。

材料(2人分)
木綿豆腐…1丁
万能ねぎ…4本
ごま油…大さじ1と1/2

A
台湾醤油、油膏…各大さじ1
水…大さじ3
砂糖…ひとつまみ

作り方

1 豆腐はしっかり水切りし、縦半分に切ってから1.5cm幅に切る。万能ねぎは5cm長さに切る。

2 フライパンに油を熱し、豆腐の水けを拭いて並べ、途中返しながら両面をしっかり焼きつける。

3 Aを加え、フライパンを時々ゆすりながら煮汁が半量になるまで煮からめ、万能ねぎを加えてさっと火を通す。

とろみがあって甘い油膏《ヨウガオ》

日本の醤油をイメージして油膏を食べると、甘くととろりとしていて、違和感だらけになってしまうかもしれません。私も最初はそんな感じでしたが、朝ごはん屋さんで食べる蛋餅（ダンピン）や大根餅に添えられていたり、皮蛋（ピータン）豆腐にかかっていたり、食べる機会が多くなると、いつの間にかなじんで、家にも気に入った味の油膏を買い置きするようになりました。特に目玉焼きに油膏はおすすめ。台南の果物店では、トマトに油膏とおろししょうがが添えてあり、驚きました。

黒龍
「黒豆蔭油(膏)」
参考価格:420ml/290元

陳源和
「壺底蔭油膏」
参考価格:400ml/136元

台湾食堂の佐料區《ヅゥオリィアオチィー》

台湾の食堂では、たいてい客席の一角に調味料が並ぶ「佐料區」があります。刻んだ生唐辛子、辣油、醤油だけのお店から、何種類もの調味料や薬味がずらりと揃うお店まで、その規模はさまざま。鍋料理や餃子店の佐料區では、常連とおぼしき人が慣れた様子で「マイたれ」を調合していきます。地元の人が何をどうやって食べているのか知りたくてたまらず、横目でチラチラ。ついジーッと見てしまうことも。まずは真似から、です。その結果の成功も、ときに失敗も、楽しめるのが旅ですから。

料理をオーダーしたら佐料區へ。好みの調味料をセルフで取ってくる。追加もできるが、人気店では「取り過ぎ注意」の張り紙も。

朝ごはん屋さんのテーブルに置かれた調味料。これも小さな佐料區。

水餃子の人気店「老牌山東水餃大王」には、台湾ではめずらしい揚げ焼き餃子もある。醤油や酢をはじめ、辣油などの辛い調味料が数種類、大容器にはにんにくたっぷりのごま油。充実の佐料區。

「金佳 阿圖麻油雞」は、麻油鶏で有名な店。佐料區には甘くとろりとした醤油の油膏、刻んだ生唐辛子、豆板醤。下の写真右の和え麺には、辛みを足すと味がぐっと引き締まる。

米酒【ミージョウ】

臺灣菸酒
「紅標料理米酒」
参考価格:600ml/30元

台湾の料理酒は米焼酎。焼酎独特のクセが少なくスッキリ

米酒はお米の焼酎。台湾で料理に使うのは、紹興酒ではなく主に米酒です。アルコールは20度ほどで、麦やいも焼酎のようなクセのある香りはなく、すっきり。私がいつも買うのはこの瓶ですが、どのメーカーも風味はさほど変わらないので、おみやげには軽いペットボトル入りをおすすめします。

麻油蛋 マーヨウダン

風味の濃厚な黒ごま油と米酒、しょうがをたっぷり入れた目玉焼き。教えてくれた新竹の友人は、大きなフライパンで8個の卵を豪快に焼いていました。金柑を入れるのは新竹あたりの作り方。金柑の甘み、酸味が良いアクセント。米酒を加えるときに火が上がらないよう注意して。

材料(2人分)

卵…3個
しょうが(せん切り)…½かけ分
金柑蜜漬(粗みじん切り)…あれば4個分
米酒…50ml
ごま油(濃口)…大さじ2

作り方

1 フライパンに油を熱し、しょうがをしっかりと炒める。
2 卵を割り入れ、半熟状態になったら金柑を散らし、米酒を回し入れ、ふたをして弱火で好みの固さまで焼く。

※お好みで、食べるときに塩または醤油をかけても。

麻油鶏《マーヨウヂィ》

米酒をとにかくたっぷり使うスープ。じっくり煮ている間にアルコール分は飛びますが、食べると体はぽかぽかに。鶏肉はだしの出る骨付きです。塩を加えると苦味が出るのでスープには入れず、添えて鶏肉につけながら食べます。ゆでたそうめんをスープにつけながら食べるのもポピュラー。

材料（作りやすい分量／4～5人分）

鶏もも骨付きぶつ切り肉…400～500g
しょうが（皮ごと薄切り）…40～50g
米酒、水…各400ml
ごま油（濃口）…大さじ2～3
そうめん…適量
塩、こしょう…各適量

作り方

1 鍋に油を熱し、しょうがをしっかり炒め、鶏肉を加えて炒める。
2 肉の表面の色が変わったら米酒、水を加える。途中アクを除き、中～弱火で鶏肉が柔らかくなるまで30～40分煮る。
3 そうめんは別にゆで、2の煮汁の上に浮いた鶏の脂をかけておき、スープにつけながら食べる。塩、こしょうを小皿で添え、鶏肉をつけて食べる。

米酒を加えると、火が上がることがあるので注意して。アルコール分が飛ぶので換気も忘れずに。

1ヶ月毎日食べて産後の栄養補給

麻油蛋も麻油鶏も体が温まる料理です。私は留学していたとき、冷えを感じたら麻油鶏のお店へ行っていました。

台湾では昔から、出産後には麻油蛋や麻油鶏が良いといわれてきました。それは卵や鶏肉、ごま油の栄養がとれ、米酒やしょうがが体を温めてくれるからだと思います。昔は「産後1ヶ月は毎日」を守って食べていたそう。経験者は冗談半分に「毎日は大変だったけど、私が今もきれいなのはその食事のおかげ」と話します。麻油蛋、麻油鶏に米酒と並んで欠かせないのは黒ごま油。芝麻醤（48ページ）で紹介した信成油廠のものがおすすめです。黒ごま油がなければ、焙煎の深い濃口のごま油で代用してください。

金桔醤【ジンジィジャン】

阿金姐「客家桔醤」
参考価格:300g/120元

爽やかな柑橘の風味が、シンプルな料理のアクセントに

客家料理（110ページ）に使われる金柑のソース。金柑の収穫時期に、フレッシュな自家製を作るのがおすすめですが、買うならこれ。柑橘系の香り、酸味、甘みが爽やかに感じられて、塩分がきつ過ぎないのがポイント。日本のわさびや柚子こしょうに似た使い勝手で、あると楽しい調味料です。

＼こんな使い方も／

金桔醤大さじ2と生カットパイン60gをミキサーに入れて滑らかになるまで攪拌すると、甘酸っぱく爽やかな「金柑パイナップルソース」に。ポークソテー、白身魚のフリッター、鶏ささみの春巻き、ほたてのカルパッチョなどに合います。

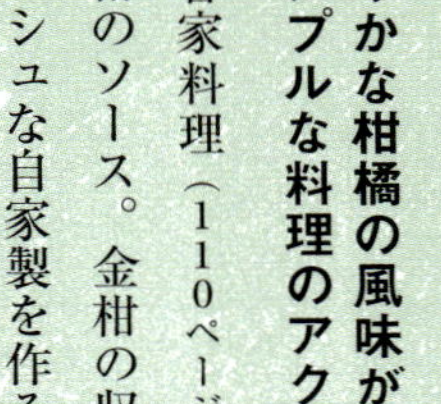

白斬鶏

バイジャンチィ

客家料理店では、しっとりとゆであげた見事な骨付き鶏に、金桔醤が添えられて出てきます。金桔醤ととろみ醤油の油膏を、混ぜ合わせずに両方つけながら食べるのがおすすめ。爽やかすっきりと甘辛まったり、二つの味が絶妙のハーモニー。

材料（2人分）

鶏もも肉（室温に戻す）…1枚

A
- しょうがの皮…1かけ分
- 長ねぎ（青い部分）…10cm
- 粒こしょう…7〜8粒
- 水…800ml

クレソン…適量
金桔醤…適量
油膏（78ページ）…適量

作り方

1 ちょうど鶏肉が入る大きさの鍋にAを入れて火にかけ、煮立ったら鶏肉を加え、再び煮立ったらアクを除き、中〜弱火でフツフツと20分ほどゆでる。

2 鶏肉を取り出して氷水に5分浸け、しっかり水けを拭き、表面に塩少量（分量外）をすり込み、ラップで包んで15分ほどおく。

3 ラップをはずし、横半分に切ってから1cm幅に切り、クレソンと器に盛る。金桔醤と油膏を添える。

※鶏のゆで汁はこして、スープ等に使えます。

桔醤排骨

ジィジャンパイグー

金桔醤を下味に使います。豚肉はフルーツと好相性。香ばしく焼けたスペアリブをかじると、にんにくの向こうからくる金桔醤とオレンジの風味がたまりません。もう一本とつい手が出るおいしさで、ビールにもぴったり。

材料（2人分）

豚スペアリブ…350g（約6cmのもの6本）

A
- 金桔醤…大さじ2
- オレンジのしぼり汁…大さじ2
- 醤油…大さじ1と½
- はちみつ…小さじ2
- おろしにんにく…1かけ分

作り方

1 ジッパー付きの袋に豚肉とAを入れてよくもみ込み、空気を抜いて口を閉じ、冷蔵庫で一晩〜1日漬ける。

2 豚肉は焼く前に冷蔵庫から出して室温に戻し、網をのせた天板に並べ、200度に予熱したオーブンで22〜25分焼く。あれば、香菜を添える。

一晩（8時間）以上漬けて味がしみ込んだら、このまま冷凍保存も可能。

爽やかな金桔醤を手作りしましょう

フレッシュな手作り金桔醤のおいしさを知ったら、きっと毎年作りたくなるはず。米酒はホワイトリカーで代用できます。橙はかぼす、すだち、シークワーサーなどでも。

1 竹串などを使って金柑のヘタを取る。

2 横半分に切って、種を除く。

3 耐熱皿に金柑と赤唐辛子をのせて、蒸気の上がった蒸し器に入れ、竹串がすっと入るまで10～15分蒸す。

用意するもの（作りやすい分量）

金柑（完熟）…250g

赤唐辛子（種を取る）…½本

A
- 砂糖…小さじ1
- 米酒（82ページ）…大さじ2
- 塩…大さじ½
- レモン汁… 大さじ2～3
- 橙のしぼり汁…大さじ2

4 汁ごとハンドミキサーにかけてペースト状にする（またはすり鉢でする）。

5 4の約2/3量を粗めのざるでこす。

6 小鍋に移し、残りの4、Aを加える（レモン汁の量は金柑の酸味で加減する）。

7 火にかけ、ひと煮立ちしたら火を止める。

＼完 成！／

冷めたら清潔な瓶などの容器に入れ、冷蔵庫で2～3日おいて味をなじませる。冷蔵庫で1ヶ月持つ。

台湾の冬の食べ物

冬が近づくと、台北の街角にひしの実売りのトラックが出てきます。黒くて、手裏剣のような面白い形の殻。蒸してあり、実はホクホク。カシューナッツのような自然な甘さを感じます。街中で見かけたらぜひ食べてみてください。

台湾が寒いのは1~2月ですが、11月頃から3月くらいまでの間は、体が温まるものをよく食べます。羊肉の鍋、鴨肉の鍋、体を温める漢方スープベースの鍋などは、食べ終わってからもずっと体がポカポカ。ひとり鍋のお店も人気で、若い女性がひとりで気軽に食べるのも、家族全員おしゃべりしながら楽しそうに別々の鍋をつついているのも、よくある光景。仙草ゼリーは焼仙草（シャオシィエンツァオ）という温かくてとろっとしたものに変わり、豆花（ドウファ）には熱いシロップをかけるようになります。しょうが入りナツメ龍眼茶も冬に登場するメニュー。体の芯から温まるものばかりです。

蒸されたひしの実。口髭のようにも見える。

「豆花」は豆乳から作る伝統的なスイーツ。台北の雙連朝市で見かけた屋台のもともとの看板は「傳統冷豆花」。それが冬バージョンになると「冷」の上に「熱」の字をペタッ。豆花に温かいシロップをかけたものに変わる。

冬至に「湯圓（タンユェン）」を食べるのが台湾の風習。小豆や龍眼の甘さ控えめなスープなどに、白玉が入っている。大きな白玉の中には黒ごまやピーナッツのペーストが。肉入りの甘くない湯圓もある。写真右は「酒釀（ジョーニャン）湯圓」。甘酒に似た酒釀のスープは体が温まり、美容にもいいと女性に人気。写真左は「酒釀湯圓加蛋（ジョーニャンタンユェンジャーダン）」。酒釀のスープにさらに卵を加えたもので、まるで卵酒。

冬を代表する鴨鍋「薑母鴨（ジャンムーヤー）」。米酒としょうががたっぷり、漢方も数種類入っていて、体の芯からじわじわ温まり、汗をかくほど。クセはさほどなく食べやすい。具は、鴨の肉や団子、野菜類、きのこ類、豆皮（ドゥピー）と呼ばれる揚げ湯葉、日本のそうめんに似た麺線（ミェンシェン）などさまざま。好みの具を選んで注文する。

花生醤【ファシャンジャン】

新福源二代店「花生醤」
参考価格:360g/179元

美奶滋【メイナイヅー】

桂冠「桂冠沙拉」
参考価格:100g/21元

純粋で香ばしいピーナッツバターと おもしろ味の台湾マヨネーズ

花生醤はピーナッツバターのこと。質の良いピーナッツだけを手作業で選別し、丁寧に焙煎している新福源二代店。その真摯な姿勢が味に出ていると感じます。美奶滋は台湾のマヨネーズ。正確には、その多くはマヨネーズ風調味料で、甘く、酸味は控えめ。おとぼけ味ですが、憎めない調味料です。

三明治

サンミンヂィ

新竹でお気に入りの朝ごはん屋さんは、サンドイッチが人気の店。数台並んだオーブントースターで次々とパンを焼き、オーダーの具をパパッと挟み、できたてを手渡してくれます。甘いマヨネーズや花生醤の味に心がなごみます。

材料(3～4人分)

食パン(10枚切り)…10枚
美奶滋…適量
花生醤…適量
トマト…1個
きゅうり…½本
ハム…6枚
レタス…2枚
ベーコン…3枚
卵…2個

作り方

1 食パン4枚はオーブントースターで軽く焼く。トマトときゅうりは薄切りにする。ベーコンはフライパンでカリッと焼く。卵は油(分量外)をひいたフライパンで両面焼きの目玉焼きにする。

2 トーストした食パンに美奶滋、花生醤を塗り、ちぎったレタス、1の目玉焼き、ベーコンを挟んで食べやすく切る。

3 残りのトーストしていない食パンに美奶滋を塗り、トマト、ハム、きゅうりを挟んで食べやすく切る。

冷筍
ラァンスゥン

台湾の「緑竹筍（ルゥーズゥースゥン）」は、みずみずしくアクも少ないたけのこの一種。ヤングコーンやホワイトアスパラガスにちょっと似た味わいです。ゆでて冷まし、美奶滋をかけるのが定番の食べ方。日本のたけのこは旬の柔らかなものを使いましょう。

材料（2人分）

たけのこ（新鮮なもの）…小1本

美奶滋…適量

作り方

1 たけのこはゆでてアクを抜き、皮をむいて一口大に切る。

2 器に盛り、美奶滋をかける。

花生醤漢堡

ファシャンジャンハンバォ

あるお店で、こぼれるほどピーナッツバターをかけたハンバーガーを食べました。一口目はこわごわ。ところが驚きのおいしさ。こんな組み合わせがあるとは！　ぜひ一度、試してほしい味です。

材料（2人分）

ハンバーグ（市販の肉だね）…2枚
ハンバーガー用バンズ…2個
レタス…適量
スライスチェダーチーズ…2枚
花生醤…大さじ3〜4
美奶滋…適量
サラダ油、塩、こしょう…各少々

作り方

1 フライパンに油を熱し、ハンバーグを並べて入れ、片面が焼けたら返す。ふたをして弱火にし、中まで火を通し、塩、こしょうをふる。

2 バンズを半分に切り、内側に美奶滋をたっぷりと塗り、レタス、チーズ、1のハンバーグをのせ、花生醤をたっぷりかけて挟む。

台湾の万能調理器
電鍋《ディエングオ》

忙しい台湾家庭の必需品
炊く、蒸す、煮るをこれひとつで

台湾の人に料理を教わって驚くのは、本当に電鍋をよく使うこと、使いこなしていること。お粥やご飯を炊くにはじまり、スープ、肉・魚・野菜の煮物、蒸しパン、小豆や緑豆のお汁粉、お惣菜の温め直し。少し難しそうな蒸し物まで何でも作ってしまいます。

電鍋は、内釜と外釜の間に水を入れてスイッチを入れると、水が沸騰して内釜の中の食材を加熱調理し、水がなくなるとスイッチが切れます。加熱時間は水の量で調整という単純な仕組み。直火ではないので煮くずれしにくく、目を離しても大丈夫。使ってみると実に便利で、私も留学中に大同の電鍋10人用を購入しました。以来ずっと愛用しています。

排骨湯《パイグータン》

電鍋でおすすめする料理は、何といってもスープ。下処理を済ませた骨付き豚肉と大根、香味野菜、水を内釜に入れたら、あとは電鍋におまかせ。長く煮ても、直火ではないので大根もくずれず柔らかに。上等なスープが手間なしで作れます。

材料（4人分）

大根（3cm角切り）…500g
豚スペアリブ…500g
水…1ℓ
A
長ねぎ（青い部分）…10cm
しょうが（皮ごと薄切り）…4～5枚
にんにく…1かけ
酒…大さじ2
塩…小さじ1と$\frac{1}{3}$
白こしょう…少々
香菜（粗く刻む）…適量

作り方

1 たっぷりの湯を沸かし、豚肉と大根を入れ、煮立って1～2分したら湯を捨て、豚肉と大根の表面を水で軽く洗う。

2 電鍋の内釜に水、1の豚肉と大根、Aを入れる。内釜と外釜の間から外釜に水360ml（分量外）を注ぎ、ふたをしてスイッチを入れる。途中アクを除き、スイッチが切れたら塩、こしょうで調味する。器に盛り、香菜を散らす。

大根が固いときは、さらに外釜に水100mlを加えて煮る。

茶葉蛋
チャーイエダン

台湾のコンビニ名物、茶葉蛋も電鍋で。煮汁が直火のように煮詰まっていかないため、ゆで卵が煮汁に浸った状態をキープし、鍋まかせで煮ることができます。濃い茶色はお茶によるもので、それほどしょっぱくありません。紅茶以外なら鉄観音やほうじ茶で。黒糖はお好みで増やしても。

ゆで卵の殻に入れたひびから、味がじんわり浸透。小腹が空いたときにちょうど良いおやつ。

材料（作りやすい分量）
卵…8個
紅茶（ティーバッグ）…2個
醤油…大さじ3
黒糖…大さじ1と½
塩…小さじ2
水…600ml
八角…1個
シナモンスティック…½本
丁字…8本

作り方

1 卵は固ゆでにし、水にとる。冷めたらスプーンの背でたたいて殻にひびを入れる。

2 電鍋の内釜に1の卵とほかの材料をすべて入れ、内釜と外釜の間から外釜に水180ml（分量外）を注ぎ、ふたをしてスイッチを入れる。

3 スイッチが切れたらそのまま冷まし、茶葉とスパイスを除いて冷蔵庫に入れ、2日おいて味をしみ込ませる。食べるときには煮汁ごと温める。

※冷蔵庫で約5日保存できます。

ティーバッグでない場合は、お茶パックに茶葉を入れて煮ると取り出しやすい。

鹹蛋

【シェンダン】

常興 南北雑貨「鹹蛋」
参考価格:1個/10元

塩漬け卵の、特に黄身。
そのコクのある塩けで味つけ

鹹蛋はあひるの卵を塩漬けにしたもので、極まれに鶏卵のものもあります。お粥にはそのまま添えて食べますが、卵独特のコクのある塩けをいかし、調味料のようにも使います。スーパーマーケットや市場で売っていて、皮蛋と並んで置かれていることが多く、紛らわしいので買うときはよく確認を。

金沙蘆筍

ジンシャールースゥン

熱した油に鹹蛋の黄身を入れ、シュワシュワと泡立ち、良い香りがしてきたら他の材料を加えて炒め合わせます。野菜が黄身をふんわりとまとい、コクのあるおいしさが生まれるこの料理、材料はたけのこ、かぼちゃ、揚げた魚でも。

材料（2人分）

アスパラガス…200g
空豆（薄皮をむく）…正味80g
鹹蛋…1個
塩…ひとつまみ
白こしょう…少々
サラダ油…大さじ1と½

作り方

1 アスパラ、空豆はさっと塩ゆで（分量外）し、水けを拭く。アスパラは4㎝長さの斜め切りにし、鹹蛋は殻をむいて黄身全量、白身半量（塩けが強いので、白身の量は少なめに）をそれぞれみじん切りにする。

2 フライパンに油を熱し、1の黄身を入れて木べらで混ぜる。泡が出て、ふわっとしてきたらアスパラと空豆を加えてさっと炒め合わせ、1の白身を加え、塩、こしょうで調味する。

三色蛋《サンスァダン》

最初に謎の卵の固まりを見たのは台南のお惣菜屋さん。後にレストランの前菜として再会し、これが鹹蛋、皮蛋、鶏卵、3種の卵を合わせて作る料理だと知りました。塩けが強いので、少しずつ切り分けてどうぞ。

材料（作りやすい分量）

鹹蛋…2個
皮蛋…2個
卵…3個

A
- 白こしょう…少々
- 酒…小さじ1
- 砂糖…ひとつまみ

B
- 片栗粉…小さじ½
- 水…大さじ3

作り方

1 鹹蛋と皮蛋は、殻をむいて乱切りにする。卵はボウルに割りほぐし、Aと、Bの水溶き片栗粉を加えてよく混ぜる。

2 11cm×14・5cmの流し缶の内側に油（分量外）を薄く塗り、その上にラップをぴったりと敷く。

3 2に鹹蛋と皮蛋の半量を並べ、1の卵液を流し入れ、残りの鹹蛋と皮蛋をのせる。蒸気の上がった蒸し器に入れ、強火で1分30秒、弱火にして約15分、固まるまで蒸す。

4 取り出して冷まし、表面をラップでぴたっとおおい、流し缶ごと冷蔵庫で半日以上、冷やし落ち着かせてから切る。

切ったとき、3種の卵が見えるように、鹹蛋と皮蛋をバランスよく並べる。

菜脯【ツァイプー】

雙連朝市「菜脯」
参考価格：約250g/50元

老菜脯【ラオツァイプー】

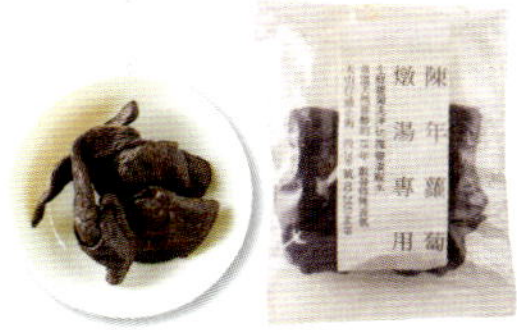

天山行「陳年蘿蔔」
参考価格：約65g/90元

知れば知るほど老菜脯はすごい使いこなせばスープの達人！

大根を厚めに切って塩漬けし、干したものが菜脯。漬け物と乾物両方の旨みを持っているのが特長で、台湾オムレツには欠かせない食材です。菜脯を寝かせたものが老菜脯で、古いものには「陳年」と名がつきます。熟成とともに色が黒くなり、塩がなれて風味が増し、スープの最高のだしになります。

菜脯蛋《ツァイプーダン》

小籠包と並んで日本人におなじみの料理が、台湾オムレツこと、菜脯蛋。味つけは具として入れる菜脯で決まるので、塩抜きの加減がとても大事です。少し多めの油でこんがり焼くと台湾らしい仕上がりに。

材料（2人分）

菜脯…35g
卵…4個
A
- 塩…ひとつまみ
- こしょう…少々
- 万能ねぎ（小口切り）…2～3本分

サラダ油…大さじ2

作り方

1 菜脯は粗く刻み、食べて塩辛くない程度に塩抜きし、水けをしぼる。油小さじ½を熱したフライパンでさっと炒めて取り出す。

2 ボウルに卵を割りほぐし、A、1を加えて混ぜる。

3 フライパンに残りの油を熱し、2を流し入れてひと呼吸おき、フライパンをゆすりながら菜箸で大きく混ぜる。半熟状態になったら返して中まで火を通す。

老菜脯鶏湯
ラオツァイプーディタン

老菜脯でなければ出せない滋味にあふれたスープ。すうっと飲める穏やかな味わいで、体中に栄養がしみ渡る感じがします。鶏はだしの出る骨付きの部位で。

材料（4人分）

鶏手羽中…450g
老菜脯…25g
A
- 長ねぎ（青い部分）…10cm
- にんにく…2かけ
- しょうが（皮ごと薄切り）…1かけ分
- 水…1.4ℓ

酒…大さじ3
塩…適量

作り方

1 鍋に鶏肉が浸かるくらいの量の湯を沸かし、鶏肉を入れてざっとかき混ぜ、湯を捨てる。
2 1の鍋に老菜脯とAを加えて火にかけ、煮立ったらアクを除いて酒を加え、弱火で1時間ほど煮る。
3 スープの味をみて、足りなければ塩で調える。

じっくりコトコト煮ていくことで、老菜脯のエキスが余すところなく抽出され、澄んだ琥珀色のスープに。

客家の代表的な保存食
梅干菜【メイガンツァイ】

漬け物×乾物の良さを実感する料理の名脇役

からし菜類の菜っ葉を塩漬けにして発酵させ、干したもので「梅菜（メイツァイ）」「梅乾菜（メイガンツァイ）」とも。商品によって乾燥の度合い、刻んであるなしなど、状態はいろいろ。いずれも水に浸けて塩抜きして使います。とろとろに煮た豚ばら肉と梅干菜で作る「梅菜扣肉（メイツァイコウロウ）」は客家料理の定番。梅干菜のひなびた味がいい塩梅でじわりときます。

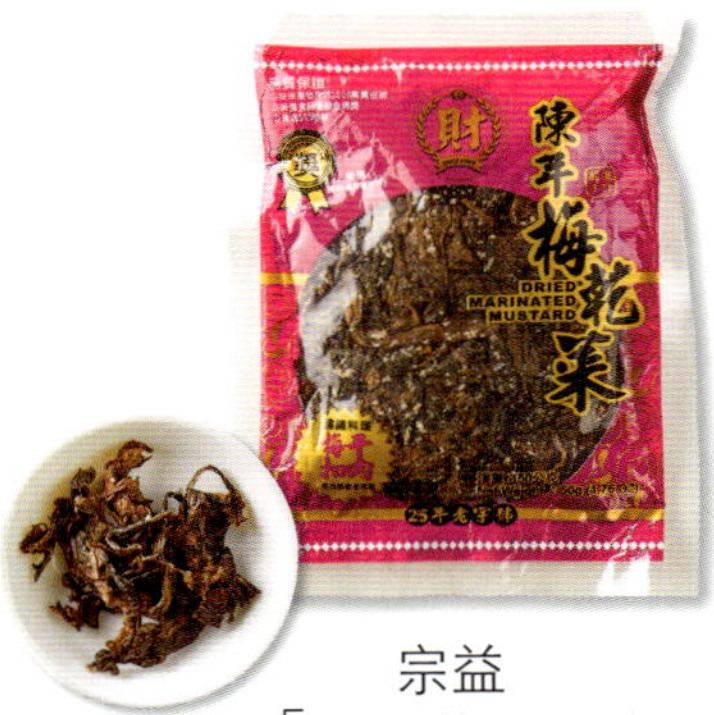

宗益
「陳年梅乾菜」
参考価格：50g/20元

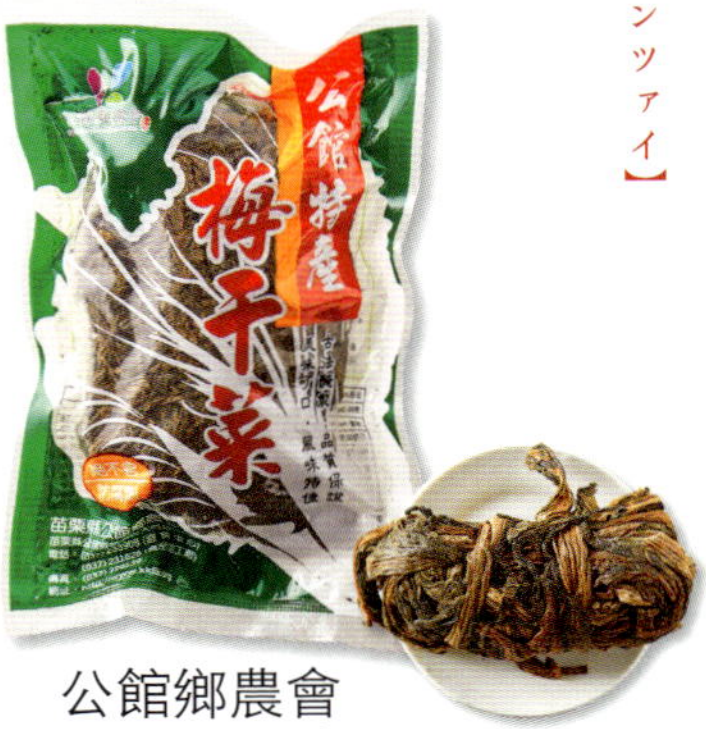

公館郷農會
「梅干菜」
参考価格：100g/95元

客家料理に学ぶ

「客家人（クージャーレン）」と呼ばれる、中国大陸から移住してきた人々が伝統的に作ってきたのが客家料理です。倹約家の客家人は、山のもの、海のもの、畑のもの、どの食材も無駄なく使い切るといわれていて、漬け物や乾物などの保存食を上手に使ったレシピが数多くあるのも特長のひとつです。

梅干菜、金桔醬（86ページ）などもその伝統のもの。保存食に詰まった先人の知恵、そして保存食から生まれる奥の深い味わい。家庭料理を研究する者として、客家料理ワールドに魅せられ続けています。

うちの定番

豚ひき肉と梅干菜を炒め合わせて常備菜に。
そのまま食べてもよいし、さらに応用も利く優れもの。

梅干菜ひき肉炒め

これは青菜炒めに加えたり、炒めそうめんの具にしたりと大活躍。朝市などで売られている手作りの梅干菜は、干している間についてしまう砂や汚れを、よく洗い落としてから使ってください。

材料（作りやすい分量）

梅干菜…30g
豚ひき肉…250g
にんにく（粗みじん切り）…1～2かけ分
赤唐辛子（種を取る）…1本
A
- 酒…大さじ3
- 醤油…大さじ2と1/2
- 砂糖…小さじ2

ごま油…大さじ1

作り方

1 梅干菜はよく洗って、水に浸け、食べて塩辛くない程度に塩抜きして戻す。手で縦に裂いてから7～8㎜幅に刻み、水けをしぼる。

2 フライパンに1を入れて火にかけ、から炒りして取り出す。

3 続けて油を熱し、にんにくを炒め、香りが立ったらひき肉を入れ、焼きつけるように炒める。色が変わったらAを加え、2を戻し入れ、汁けがほぼなくなるまでよく炒める。

※冷蔵庫で約5日保存できます。

酸菜【スゥアンツァイ】

向唐食品「東北酸白菜」
参考価格:500g/80元

豚肉とは無敵の好相性。酸っぱくおいしい白菜の漬け物

元々は中国東北地方の漬け物で、白菜を一度ゆでてから塩漬けし、乳酸発酵させたもので、「酸白菜」とも。その塩けと酸味をいかして炒め物や餃子のあん、鍋の具などに調味料のように使うことがほとんど。買うときは、原材料の表示をチェックして、できるだけ添加物のないものを選んでいます。

＼これもおすすめ／

阿里郎「酸白菜」
参考価格:600g/150元

酸菜炒猪肉

スゥアンツァイチャオヂゥーロウ

白いご飯がとまらない、罪つくりなおかずです。豚バラキムチもそうですが、発酵した白菜漬けと豚肉の相性は抜群。

材料(2人分)

豚バラ薄切り肉…150g
酸菜…100g
しょうが(せん切り)…1かけ分
ごま油、酒…各小さじ2
白こしょう…少々

作り方

1 豚肉は4cm幅に切る。酸菜は3cm幅に切り、水に3〜4分浸け、軽く塩を抜いてしぼる。

2 フライパンに油を熱し、しょうが、豚肉の順に加えて炒める。肉の色が変わったら酸菜を加えて酒を回し入れ、炒め合わせてこしょうをふる。

酸菜白肉火鍋《スゥァンツァイバイロウフォグォ》

台湾で人気の酸菜白肉火鍋。専門店もありますが、冬が近づくと、食堂や火鍋屋さんに「酸菜白肉火鍋、始めました」のお知らせが出て、あちこちで食べることができるようになります。酸菜や豚肉の切り方、具やたれの種類、スープのベースなどはお店それぞれ。ここでは大好きな専門店の味に近づけました。

材料（4人分）

【スープ】
水…1.5ℓ
昆布…15cm
干し海老…ひとつかみ（6g）
干し貝柱…2〜3個（10g）
酒…200ml

【具材】
木綿豆腐…1丁
酸菜…300g
豚バラ薄切り肉…300g
春雨…40g
魚介（すじなど）…適量
エリンギ…3本
レタス…4枚
長ねぎ（斜め薄切り）…1本分
トマト…1個

【たれ】
練り白ごま、醤油、
豆腐乳（62ページ。漬け汁少量で溶く）、
砂糖、黒酢、おろしにんにく、
おろししょうが、ごま油、
辣油（54ページ）、万能ねぎ（小口切り）、
香菜（粗く刻む）…各適量

作り方

1 具材の木綿豆腐は、一口大に切って一晩冷凍する。

2 鍋にスープ用の水を入れ、昆布、干し海老、干し貝柱を1時間以上浸けておく。

3 1は解凍する。酸菜は5㎜幅の細切り、豚肉は半分の長さに切る。春雨は熱湯をかけて戻し、食べやすい長さに切る。そのほかの具材も食べやすい大きさに切る。

4 2の鍋を弱火にかけて沸騰直前で昆布を取り出し、酒を加えて強火にし、アルコール分を飛ばす。酸菜の半量を加えて軽く煮てから、具材を適量ずつ加えて煮る。

5 肉やレタスは煮すぎないようにし、火が通った具からたれにつけて食べる。途中、残りの酸菜も加える。旨みたっぷりのスープを最後に楽しむ。

野菜は水菜、小松菜、青梗菜など、きのこはえのき茸やしめじ、魚介は牡蠣、海老、つみれでも。

練り白ごまをベースに調味料を混ぜ合わせ、自分好みのたれを自由に作って食べるのが台湾流。

木薯粉【ムゥシゥーフェン】

南北坊 寶島
「木薯粉」
参考価格：200g/19元

モチモチも、プルプルも、サックサクも。
台湾食感はこの粉があればこそ

人気観光地、九份（ジォウフェン）の名物スイーツ芋圓（ユーユェン）のモチモチ食感、屋台の牡蠣オムレツのもっちりプルプル食感、揚げ物のサクサク食感。その食感のもとが片栗粉でも小麦粉でもない、木薯粉です。タピオカスターチやわらび餅粉と同じもので樹薯粉（シューシュウフェン）とも。

蚵仔煎《オアジェン》

人気の屋台では行列必至の牡蠣オムレツ。木薯粉で作る透明でモチモチの生地が魅力です。台湾でかかっている甘いたれは、甘さ控えめのケチャップ味にアレンジしました。

材料（2枚分）
牡蠣（小。加熱用）…150g
卵…2個
レタス…1枚
サラダ油…適量
【生地】
木薯粉…30g
片栗粉…10g
水…110ml
白こしょう…少々
【ソース】
トマトケチャップ…大さじ2と½
酢…大さじ1
砂糖…大さじ½
塩…少々
醤油…小さじ1
オイスターソース…小さじ¼
A 片栗粉…小さじ½
　水…大さじ3

作り方
1 牡蠣は塩水（分量外）で洗って水けをきり、キッチンペーパーでよく拭く。レタスは2cm幅、4cm長さに切る。ボウルに生地の材料を入れ、混ぜておく。
2 小鍋にソースの材料を入れて（Aの片栗粉は水で溶いてから加える）火にかけ、

かき混ぜながら煮て、軽くとろみをつける。

3 フライパンに油小さじ2を熱し、牡蠣を炒めて焼き色がついたら取り出す。

4 3のフライパンを拭いて油大さじ1強を熱し、1の生地をよく混ぜてから半量流し入れ、ふくらんできたところはフライ返しの角でつぶし、3の牡蠣の半量を散らす。

5 ボウルに卵1個を割り入れて菜箸で2~3回切るように混ぜ、4に回しかけ、レタスの半量を散らす。

6 生地に透明感が出てきたら、油大さじ1を鍋肌から回し入れ、フライパンをゆすり、ひと呼吸おいて返す。裏面を1分焼き、滑らせるようにして器に盛る。同様にもう1枚焼く。2のソースを適量かける。

排骨
パイグー

下味のついた骨付き豚ロース肉に、サクサクの衣が食欲をそそる揚げ物です。この食感の秘密が木薯粉。片栗粉や小麦粉に比べ油を吸いにくく、軽い仕上がりに。台湾は骨付き肉を使いますが、ここではとんかつ用の厚切り肉で。

材料（2人分）
豚ロース肉（とんかつ用）…2枚

A
醤油…大さじ1と½
酒…大さじ1
砂糖…大さじ½
おろしにんにく、おろししょうが…各½かけ分
五香粉…小さじ⅙
こしょう…少々

木薯粉…適量
サラダ油…適量

作り方
1 豚肉は筋を切り、フォークで数ヶ所刺してからめん棒などでたたいてのばす。
2 ジッパー付きの袋に1の豚肉とAを入れてよくもみ込み、空気を抜いて口を閉じ、冷蔵庫で一晩漬ける。
3 冷蔵庫から出して室温に戻し、木薯粉をしっかりつけ5～10分おく。フライパンに多めの油を熱して揚げ焼きにし、食べやすく切って器に盛る。あればキャベツの甘酢漬け、豆板醤を添える。

しっかりたたいて、約2倍の大きさにする。

木薯粉をつけてしばらくおくと、衣にも味がつく。

キャベツの甘酢漬け

材料（作りやすい分量）と作り方
キャベツ（ざく切り）中¼個分と、にんじん（やや太めのせん切り）¼本分に塩大さじ½をまぶし、重しをしてしばらくおき、水が上がってきたらしぼる。しょうが（せん切り）1～2かけ分、赤唐辛子（種を取る）1本、砂糖大さじ3、酢大さじ4、塩少々を加えて混ぜ合わせ、半日以上漬ける。

募集開始1分で完売!

波よけ通りキッチン台湾ツアー

著者、沼口ゆきさんが主宰している「波よけ通りキッチン」では、2013年からオリジナル台湾ツアーを催しています。ツアーの軸はもちろん「食」。旅行前は胃腸を整えておくようにお達しがきます。朝昼晩の三食に加えて、おやつが?回。ツアー目玉のお楽しみ企画もあり、その合間

1日目　昼頃　松山空港到着

ランチ

永康街の「韓記 老虎麺食館（p.73）」へ。看板メニューの麻辣麺や、水餃子、小皿料理で旅の英気を養う。

永康街散策

小籠包で有名な「鼎泰豐」やタピオカドリンクのスタンド、かき氷店、お茶やスイーツのショップなどが点在するエリアを散策。

おすすめみやげ1

「手天品」の如意捲（如意クッキー）

1袋（60g）／80元

100％自然食材にこだわる小さな菓子工房のクッキー。薄くて小さく、ほんのりシナモン風味。「如意」は願いが叶うという意味。

◉住所　台北市大安區潮州街188-1號

おすすめみやげ2

「阿原」の艾草防蚊液（虫除けスプレー）

1本（95ml）／390元

無添加のハーブ石鹸やハンドクリーム、スキンケア用品を扱う台湾のブランドショップ。よもぎの虫除けスプレーはおだやかな香り。

◉住所　台北市大安區永康街8號

おやつ

行列に並んで「温州街蘿蔔絲餅達人」のせん切り大根入り揚げまんじゅうをゲット。熱々の生地の中には、塩もみ大根がたっぷり、やみつきになるおいしさ。

に市場や街を歩いてショッピング。帰りのお腹とスーツケースはパンパンです。人気ツアーの内容とおすすめみやげをピックアップしてご紹介します。

朝ごはん

朝は自由参加。屋台の紫米おにぎりやサンドイッチを道端でパクリ。

ショッピング

セレクトショップ「PEKOE(p.71)」やスーパーマーケットへ。その後、ホテルにチェックインし、しばし休憩。

2日目

東門市場散策

90年以上続く台湾庶民の台所、東門市場へ。肉、魚、野菜、フルーツなどの生鮮食品売り場を見学し、肉まんやごま団子を楽しむ。

夕ごはん

酸菜白肉火鍋(p.114)で有名な「圍爐」へ。鍋を囲んで親睦を深める。食べた後は自由時間。体力とお腹に余裕がある人は夜市へ、癒やしを求めたい人はマッサージへ。

波よけ通りキッチン台湾ツアー

おすすめみやげ 3

「高建桶店」のめん棒とへら

計120元

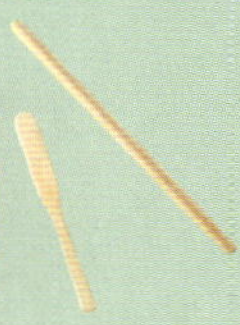

竹細工やかごバッグ、木のスプーンやランチョンマット、蒸しセイロなど、使い勝手の良い雑貨が店の外まで並んでいる。細いめん棒は餃子の皮作りに、へらはあんをのせるときに活躍。

◉住所　台北市大同區迪化街一段204號

おすすめみやげ 4

「嘉利山産行」愛玉子

愛玉子1袋（37.5g）ガーゼ袋付き／80元

愛玉子は、夏バテや美容、滋養強壮に良いといわれているクワ科イチジク属の果実。乾燥させた種を水の中で揉むとゼリーのように固まる。ここは手作りのガーゼ袋も付いているのがうれしい。

◉住所　台北市大同區迪化街一段 185 號

ランチ

迪化街の永楽市場で油飯（p.74）のお弁当を購入し、外の屋台のおかずやスープとともにちょこちょこ食べ。街を歩き、カラスミ店やドライフルーツ店に立ち寄り。

ショートトリップ

チャーターバスで台北市内から小１時間、文山包種茶の産地、新北市坪林で講師をお招きしてのオリジナルお茶セミナー。テイスティングの仕方、お茶の淹れ方を教わり、その後はお茶畑を見学。

おすすめみやげ 5

南門市場「金龍」の花生酥

（ピーナッツ菓子）
1袋（600g）／200元

台湾の離島、澎湖島産のお菓子、花生酥を買うことができる。ここの花生酥は甘さ控えめでサクサク軽い食感。中国茶によく合う。南門市場の住所はp.71 参照。

夕ごはん

ホテルに戻り1時間ほど休憩したのち、プライベートダイニング「夫妻档客家料理私房」へ。ご夫婦で切り盛りする、昼夜1組ずつ限定の客家料理レストランで、最後の夜を満喫。

午後　松山空港出発

3日目

ランチ

永康街の老舗食堂「六品小館」で円卓を囲む。ギリギリまで台湾料理を食べて、その足で空港へ。

自由時間

ランチまでは自由行動。高級フルーツショップ「陳記百果園」や南門市場など、各自買いたい、食べたい場所へ。

朝ごはん

朝は自由参加。台湾朝ごはんの定番、鹹豆漿（p.54）でお腹もお目覚め。

まだまだある

台湾調味料

この本のメインで紹介しているもの以外にも台湾ならではの調味料はたくさんあり、スーパーマーケットやセレクトショップで購入できます。その一部をご紹介。

陰鳳梨

【インフォンリー】

生のパイナップルに大豆、麹、塩、砂糖、米酒などを加えて熟成させたもの。「醤鳳梨」ともいう。

台湾の定番料理、甘みと苦み、旨みが調和した「鳳梨苦瓜雞湯（鶏と白ゴーヤーのスープ）」の味の決め手！

樹子

【ショウズ】

破布子（ポゥブーズ）とも。台湾に自生する木の実で、ゆでてから醤油漬けや塩漬けにしたもの。食感はオリーブに近い。蒸し魚や炒め物に使う。

馬告

【マーガオ】

台湾でもめずらしいレモングラスのような香りの野生スパイス。粒のままスープや腸詰に。ミルで挽き、こしょうのようにも使う。

搾菜

【ヂャーツァイ】

塩抜きしてから料理の具材として使う。「搾菜肉絲湯麺」は、細切り肉搾菜炒めが入った汁麺で、台湾の定番。

※写真のものは唐辛子入り。

甜辣醤

【ティェンラージャン】

甘くて辛い台湾版スイートチリソース。ちまきや水煎包（シゥェイジェンパオ）などに少量つける。

紅糟

【ホンツァオ】

紅麹から作った調味料。赤い色は天然色素。豚肉などを漬け込んで独特の風味をつけ、焼いたり揚げたりする。

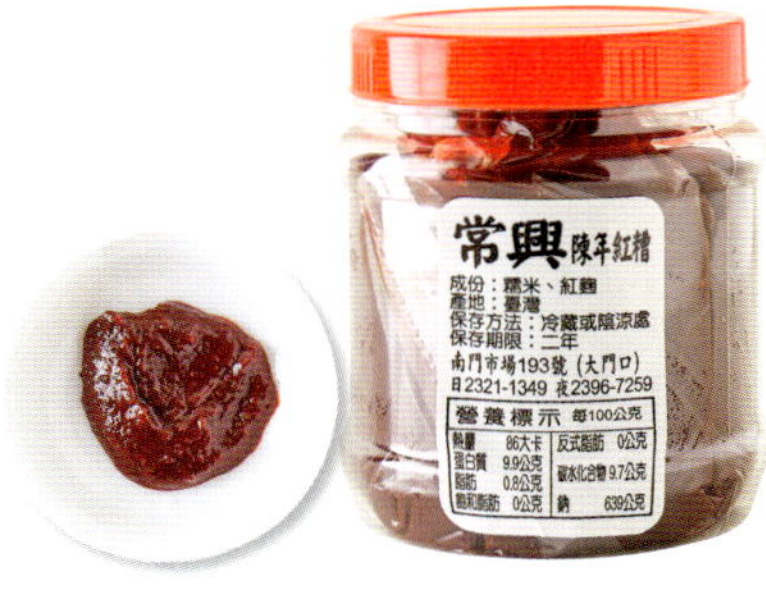

烏醋

【ウーツゥ】

酸味が柔らかく、ほんのりウスターソースの味がする台湾の黒酢。麺線、酸辣湯にたっぷりかける。

あとがき

20数年前に一度訪ねて以来、ご無沙汰だった台湾を再び訪れたのは10年ほど前でした。食堂で、屋台で、食べる物はどこか懐かしくもあり新鮮でもあり。南国の景色はゆったりとしてのびやか。人々は自由でおおらかで、親切で。エネルギッシュでいて、力を抜きリラックスして過ごせる不思議な空気感に満ちたこの国に、そのときからすっかり魅了されてしまったのでした。

通い続けるうち、「いつかここで暮らしてみたい！台湾の食をもっと深く知りたい！」そう本気で考えるようになり、思い切って留学したのが２０１５年。尊敬していたレストランのシェフに弟子入りを志願したところ、「厨房の中で教える時間はないけれど、店の休憩時間にならいつでも話ができる、何でも教えるよ」という返事。魯肉飯の作り方を口伝てで教わり、早速アパートの小さなキッチンで試作。数日後、ようやく近づいたと思った料理を持参し、味を見てもらいました。するとシェフが「やるね！」と私の本気度を理解してくれ、毎朝4時半に通う市場へも連れて行ってもらい、食材についてもいろいろと教わりました。シェフのお母さんも手作りの保存食や、昔ながらの家庭料理を教えてくれました。

友達ができはじめ、私が料理を学びに来ていることを知ると、「私の友達に料理上手がいるから、教えてもらったら？」とすぐに連絡をしてくれて、さらにその友達が「もっと料理上手がいるの」と紹介してくれます。語学学校へも通っていたので、少し話せるようになると、市場やお店で食材のことを聞くたびに、ほとんどの人が猛烈な勢いで教えてくれました。本当に前のめりで勉強した10ヶ月間でした。このときの縁が繋がり、今私は料理の仕事で台湾に通い続けています。この本が出版できたのは、台湾のみなさんのおかげです。

謝謝。

沼口ゆき

著者：沼口ゆき

ル・コルドン・ブルー東京校、リッツ・エスコフィエ・パリ料理学校等で料理と製菓を学んだ後、料理研究家の有元葉子氏に8年間師事し、独立。1996年より料理教室開始。2001年から築地に料理スタジオを構え、2009年場外市場に『波よけ通りキッチン』をオープン。2013年からオリジナル台湾ツアーを主催し、2015年秋に台北へ留学。現地で料理教室やレストランのアドバイザーとして活躍し、帰国後の現在も日本と台湾を行き来する日々が続いている。

●波よけ通りキッチン HP　namiyoke-st.web.wox.cc

撮影：柳詰有香

デザイン：福島巳恵（United）

調理スタッフ：加藤ひとみ

校正：文字工房 燦光

編集：須永久美

Special thanks：陳玉燕（H.I.S.台北支店）

使《つか》いこなしで、現地《げんち》の味《あじ》もいつものご飯《はん》も思《おも》い通《どお》り

台《たい》湾《わん》調《ちょう》味《み》料《りょう》 いただきます手《て》帖《ちょう》

NDC 596

2019年7月20日　発　行

著　者　沼口《ぬまぐち》ゆき

発行者　小川雄一

発行所　株式会社 誠文堂新光社

〒113-0033 東京都文京区本郷3-3-11

（編集）03-5805-7762

（販売）03-5800-5780

http://www.seibundo-shinkosha.net/

印刷所　株式会社 大熊整美堂

製本所　和光堂 株式会社

ISBN978-4-416-61949-0